虹桥源1号
THE LIMIT

华霞虹　宿新宝　罗超君　著

同济大学出版社
TONGJI UNIVERSITY PRESS

上海

策划

上海虹桥国际机场有限责任公司

顾问

秦　云　蒋云强　金德雄　张俊杰　李孔三

John de Lucy　Jessica Schröder　Jennifer Whitman　Frederick Schröder

研究团队

同济大学建筑与城市空间研究所 / 同济大学建筑与城市规划学院

华建集团历史建筑保护设计院

助研小组

李轶男　蔡雨欣　陈芷凝　周　睿

许志华　宓　伟　王家赟　李建川　鲁　艳　赵剑男

设计团队

华东建筑设计研究院有限公司

建筑：杨　明　宿新宝　罗超君　王天宇

结构：沈忠贤

机电：常谦翔　赵　枫　王宇佳　任怡旻　赵丽花

家具 / 灯具 / 展陈：苏　昊　陈　兵　王海龙

景观：王贻飚

目 录
Contents

1921—1924

虹桥路尽头初结邻

Becoming Neighbours

1924 年 4 月 19 日，前往麗（丽）虹园之路，远处为虹桥机场（图片来源：赫经士孙辈们 Courtesy of Hawkings' Grandchildren）

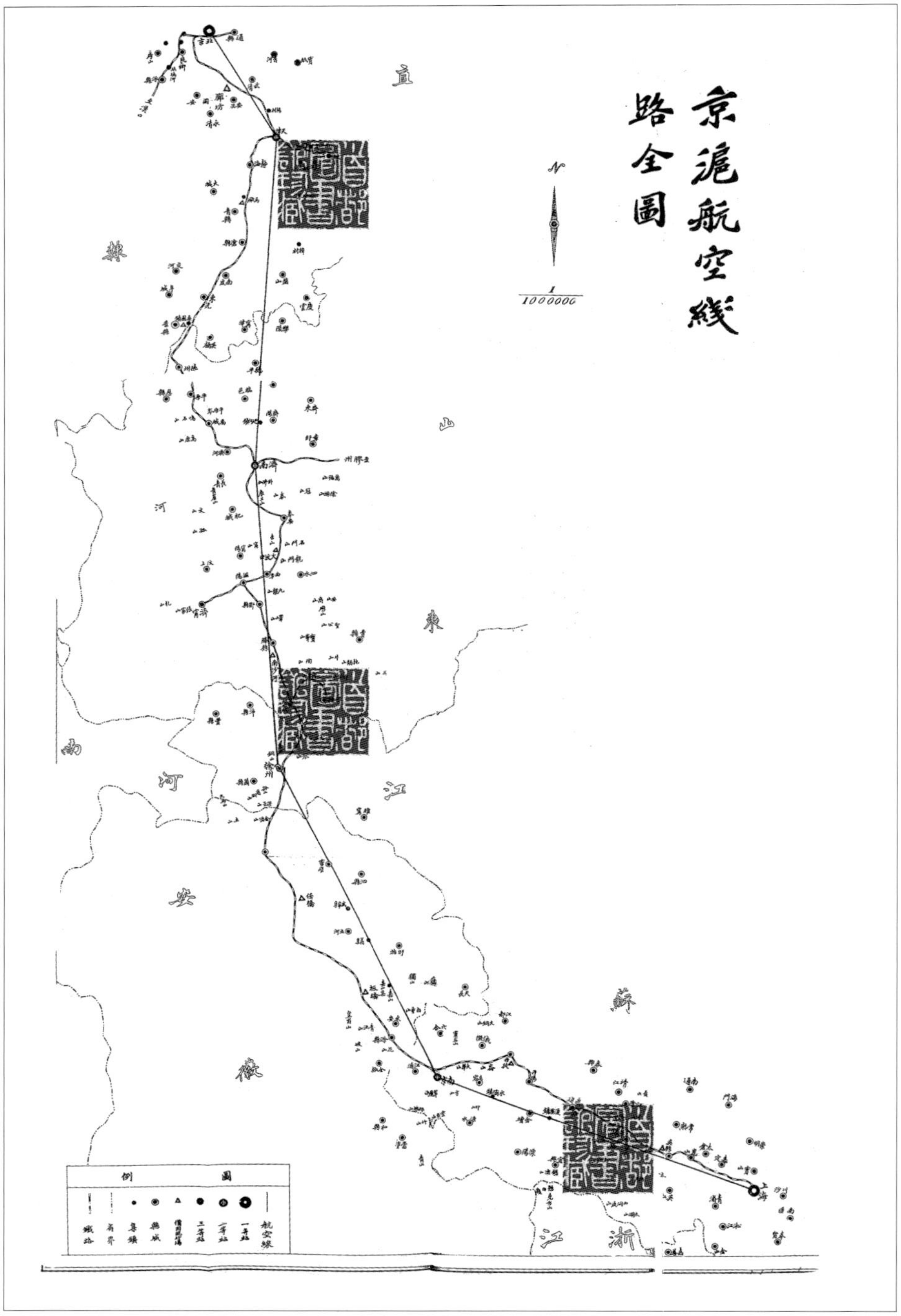

1921 年 6 月 29 日京沪航线地图（图片来源：上海虹桥国际机场公司 Shanghai Hongqiao International Airport Company）

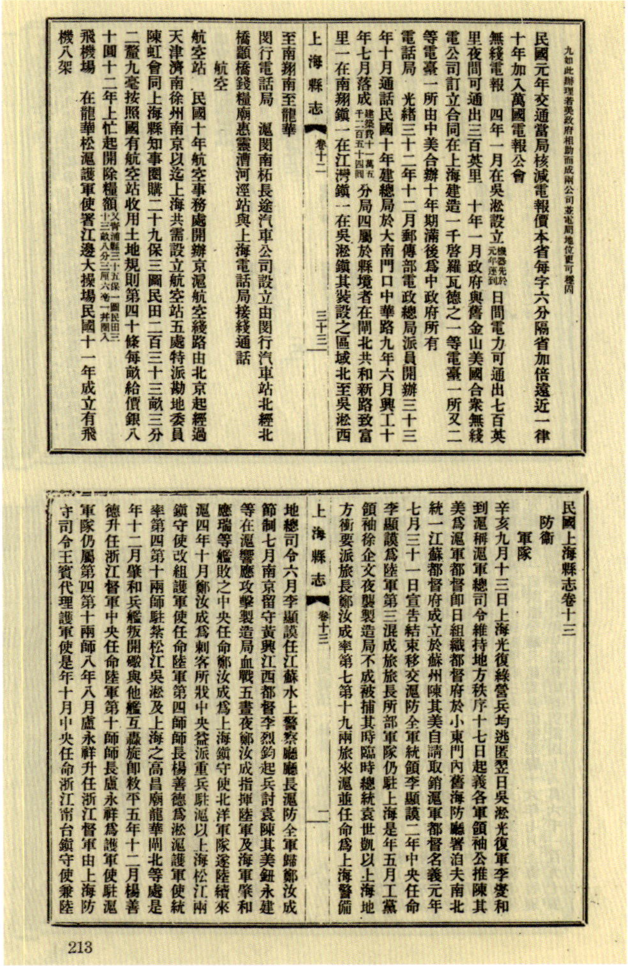

九如此辦理者美政府相助而成兩公司並電局地位更可穩固
民國元年交通當局核減電報價本省每字六分隔省加倍遠近一律
十年加入萬國電報公會
無綫電報　四年一月在吳淞設立（機器先於元年運到）日間電力可通出七百英
里夜間可通出三百英里　十年一月政府與舊金山美國合衆無綫
電公司訂立合同在上海建造一千啓羅瓦德之一等電臺一所又二
等電臺一所由中美合辦十年期滿後爲中政府所有
電話局　光緒三十二年十二月郵傳部電政總局派員開辦三十三
年十月通話民國十年建總局於大南門口中華路九年六月興工十
年七月落成（建築費十一萬五千二百五十四圓）分局四屬於縣境者在閘北共和新路致富
里一在南翔鎮一在江灣鎮一在吳淞鎮其裝設之區域北至吳淞西
至南翔南至龍華
閔行電話局　滬閔南柘長途汽車公司設立由閔行汽車站北經北
橋顓橋錢糧廟惠霖漕河涇站與上海電話局接綫通話
航空
航空站　民國十年航空事務處開辦京滬航空綫路由北京起經過
天津濟南徐州南京以迄上海共需設立航空站五處特派勘地委員
陳虹會同上海縣知事圈購二十九保三圖民田二百三十三畝三分
二釐九毫按照國有航空站收用土地規則第四十條每畝給價銀八
十圓十二年上忙起開除糧額（又青浦縣三十五保一圖民田三十三畝八分三厘六毫一并圈入）
飛機場　在龍華松滬護軍使署江邊大操場民國十一年成立有飛
機八架

上海縣志　卷十二　三十三

民國上海縣志卷十三
防衛
軍隊
辛亥九月十三日上海光復綠營兵均逃匿翌日吳淞光復軍李燮和
到滬稱滬軍總司令維持地方秩序十七日起義各軍領袖公推陳其
美爲滬軍都督卽日組織都督府於小東門內舊海防廳署洎夫南北
統一江蘇都督府成立於蘇州陳其美自請取銷滬軍都督名義元年
七月三十一日宣告結束移交滬防全軍統領李顯謨二年中央任命
李顯謨爲陸軍第三混成旅旅長所部軍隊仍駐上海是年五月工黨
領袖徐企文夜襲製造局不成被捕其時臨時總統袁世凱以上海地
方衛要派旅長鄭汝成率第七第十九兩旅來滬並任命爲上海警備
地總司令六月李顯謨任江蘇水上警察廳廳長滬防全軍歸鄭汝成
節制七月南京留守黃興江西都督李烈鈞起兵討袁陳其美鈕永建
等在滬響應攻擊製造局血戰五晝夜鄭汝成指揮陸軍及海軍肇和
應瑞等艦敗之中央任命鄭汝成爲上海鎭守使北洋軍隊遂陸續來
滬四年十月鄭汝成爲刺客所戕中央益派重兵駐滬以上海松江兩
鎭守使改組護軍使任命陸軍第四師師長楊善德爲淞滬護軍使統
率第四第十兩師駐紮松江吳淞及上海之高昌廟龍華閘北等處是
年十二月肇和兵艦叛開礮與他艦互轟旋卽救平五年十二月楊善
德升任浙江督軍中央任命陸軍第十師師長盧永祥爲護軍使駐滬
軍隊仍屬第四第十兩師八年八月盧永祥升任浙江督軍由上海防
守司令王賓代理護軍使是年十月中央任命浙江甯台鎭守使兼陸

上海縣志　卷十三　一

213

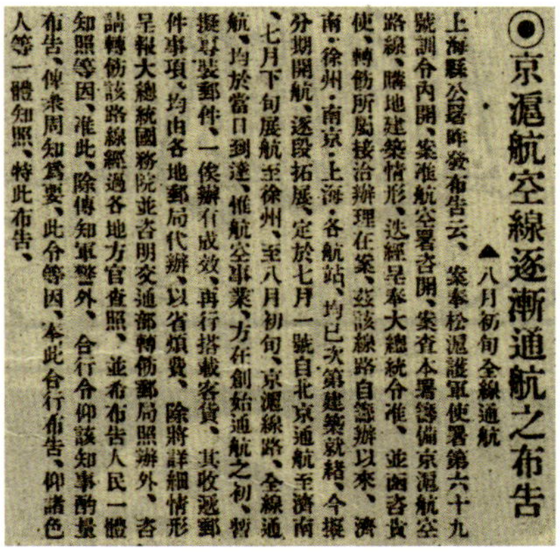

◉京滬航空線逐漸通航之布告
▲八月初旬全線通航
上海縣公署昨發布告云、案奉松滬護軍使署第六十九
號訓令內開、案准航空署咨開、案查本署籌備京滬航空
路線、購地建築情形、迭經呈奉大總統令准、並函咨貴
使、轉飭所屬接洽辦理在案、茲該線路自籌辦以來、濟
南·徐州·南京·上海·各航站、均已次第建築就緒、今擬
分期開航、逐段拓展、定於七月一號自北京通航至濟南
、七月下旬展航至徐州、至八月初旬、京滬線路、全線通
航、均於當日到達、惟航空事業、方在創始通航之初、暫
擬專裝郵件、一俟辦有成效、再行搭載客貨、其收遞郵
件事項、均由各地郵局代辦、以省煩費、除將詳細情形
呈報大總統國務院並咨明交通部轉飭郵局照辦外、咨
請轉飭該路線經過各地方官查照、並布告人民一體
知照等因、准此、除傳知軍警外、合行令仰該知事酌量
布告、俾衆周知爲要、此令等因、奉此合行布告、仰諸色
人等一體知照、特此布告、

左：上海县志的相关记载（图片来源：上海虹桥国际机场公司 Shanghai Hongqiao International Airport Company）
右：1921 年 6 月 29 日，京沪通航布告（图片来源：同上 ibid.）

1920 年，即民国九年，以“京沪绾毂南北，所经各地，半属通商大邑，外人垂涎既久，主权之丧失堪虞”[1] 为由，北洋政府航空事务处拟定了一个全国航空线计划，最先列入正式筹办计划的是京沪航空线。为此，航空事务处派专员到上海勘察选址。最初选择吴淞的老鼠沙，因地产权属于浚浦局且无法让渡，计划未成，于是将视线转向西郊，选定虹桥路西端上海县与青浦县交界处，拟作京沪航空线的上海站。1921 年 3 月 10 日，虹桥机场正式破土动工，圈划民田 267 亩（约 178 000 平方米），由美商允元实业公司负责建造。同年 6 月 29 日，上海拥有了第一座自己的民用机场，并正式对外公布京沪航空线通航。

1. 引语出处不详。

左页上 / 下 / 本页：1925 年 3 月，虹桥路被拓宽，道路远处可见当时虹桥机场的主体建筑（图片来源：赫经士孙辈们 Courtesy of Hawkings' Grandchildren）

虹桥路始建于清光绪二十六年（1900），起因是公共租界的越界筑路。1901 年建成之初，这只是一条 9.14 米宽的泥路，中间是车道，两边是遛马道。当时上海外侨“撒纸跑马会”组办赛马活动的常用路线就是从徐家汇出发，沿着虹桥路撒纸赛马，终点为程家桥。沿途有外侨公墓、高尔夫球场以及富有外侨修建的别墅。

门楼匾额上书“THE LIMIT”（图片来源：赫经士孙辈们 Courtesy of Hawkings' Grandchildren）

虹桥机场建成不足 3 年就迎来了“近邻”。机场大门往西不过 200 米，贴着虹桥路南侧砌筑起一圈围墙，中间并肩设立两座中式重檐屋顶的高大门楼：东侧一座的匾额上从右到左写着“麗（丽）虹园”；西侧一座的匾额上从左到右写着“THE LIMIT”（尽头、极限）。院内先后建成两栋住宅。东侧住宅的大屋顶气宇轩昂。乍一看，这是地道的歇山式屋顶，青瓦覆面，四角高举，鸱吻、灰塑一应俱全。端详屋顶，传统样式中还夹杂着 6 个砖砌烟囱和 2 个老虎天窗，檐口处环绕金属天沟，远非中式民居的典型形制。西侧住宅屋顶全无中式传统的举折做法，也没有天窗，干净利落的双坡顶，出檐深远。

上：两座门楼　近处门楼匾额上书“麗（丽）虹园”（图片来源：赫经士孙辈们 Courtesy of Hawkings' Grandchildren）

下：麗（丽）工园门楼和对联（图片来源：同上 ibid.）

李德立像（图片来源：英国布里斯托大学中国档案历史照片 Historical Photographs of China Archive, University of Bristol）

事实上，这两栋中西合璧的住宅的主人是一对传教士翁婿——同为清末民国初在中国颇具影响力的英侨。东楼麗（丽）虹园的主人名为“李德立”（Edward Selby Little, 1864—1939），生于英国多塞特郡（Kingston Dorset），是剑桥大学彼得豪斯学院（Peterhouse, Cambridge）毕业生，后加入美国基督新教美以美会（American Methodist Episcopal Church，1844—1939，美国北方的卫理公会所使用的宗派名称），1886 年娶了一名英国卫理公会牧师的女儿卡罗琳（Caroline Amelia Bate，1858—1947）为妻，同年偕妻来华传教。二人育有一儿一女。西楼 THE LIMIT 的主人是李德立之女格莱迪丝（Amelia Gladys Hawkings，1890—1960）及其丈夫赫经士（也有文献译为“霍更斯”或“霍金斯”，William James Hawkings，1883—1965）。

左：1935 年，蒋介石夫妇在牯岭李德立家的花园中（图片来源：赫经士孙辈们 Courtesy of Hawkings' Grandchildren）

右：牯岭别墅的客厅和餐厅（图片来源：同上 ibid.）

1886 年的冬天，庐山人迹罕至，异常冷清。22 岁的李德立携带一本世界地图、一本英国传教士编写的《来华指南》登临庐山，意图在山上建造一处避暑胜地。终于，他选中名为"牯牛岭"的地方，建造了现今被称作"庐山别墅群"的建筑——这里曾作为外国传教士、商人在长江流域的聚集地之一。李德立根据"清凉"（Cooling）的英文发音，将"牯牛岭"改称"牯岭"。1935 年，蒋介石夫妇以李德立朋友的身份造访此处。李德立还曾参与中国另一处避暑胜地——北戴河（河北秦皇岛）的建筑开发。他汉语读写流利，通晓多地方言，十分擅长交际，与中国当局的很多高官都有私谊，还曾因 1906 年苏北饥荒时的赈灾义举而获得光绪皇帝的嘉奖。

上：1904 年，李德立（右 7）在上海码头的公司仓库外（图片来源：赫经士孙辈们 Courtesy of Hawkings' Grandchildren）

下：1904 年，李德立（左 1）在上海码头（图片来源：同上 ibid.）

上海卜内门洋碱有限公司大楼（图片来源：华建集团历史建筑保护设计院 Arcplus Historical Building Preservation Design Institute）

李德立来华后，先暂居江苏镇江，后转至江西。1900 年，他辞去教会职务，转而从商。当年正值世界知名化工厂商卜内门公司[2]在上海设立远东总号驻华分公司，李德立受聘担任总经理。1920 年，卜内门公司的远东总号改组，其驻华公司更名为“上海卜内门洋碱有限公司”（Brunner Mond & Co. China），并于 1923 年在四川中路 133 号建立了六层高新古典主义风格的总部大楼。1926 年，卜内门公司与另外三家公司合并为“帝国化学工业公司”（Imperial Chemical Industries，Ltd.），而早年设置在中国的公司名称保持不变。与其他洋行雇佣中国买办的做法不同，精通中文的李德立奔波各地拓展业务，择地兴建仓库。他聘请三名同样精通中文的家人作为自己事业的“左膀右臂”——弟弟欧文、儿子和女婿[3]。在卜内门上海分公司任职期间，李德立曾连续三年（1904—1906）当选上海公共租界工部局董事，支持华董进入工部局董事会，竭力主张在租界禁绝鸦片。他还曾担任当时远东地区最有影响力的英文报刊《字林西报》（*North China Daily News*）的主笔。

2.Brunner，Mond & Co., Ltd. 该公司 1873 年由英国工业企业家约翰·汤姆森·卜内（John T. Brunner）和发明家路德维格·蒙德（Lud-wig Mond）合伙创办。

3. 上海旧踪网 . https://www.historic-shanghai.com/astrazeneca-shanghai-and-the-fall-of-the-qing-dynasty/。

1912 年 2 月 12 日，李德立及其妻女与唐绍仪、伍廷芳在戈登路 30 号住宅的门廊下合影
前排从左到右：李德立女儿格莱迪丝、伍廷芳、李德立夫人卡罗琳；后排从左到右：唐绍仪、李德立（图片来源：赫经士孙辈们 Courtesy of Hawkings' Grandchildren）

辛亥革命爆发时，李德立作为一名“中国通”已与当时中国政界人物保持着相当密切的私人关系，随着南方革命军和北方袁世凯议和声浪的高涨，李德立在英国驻华使节的支持下决定以个人名义介入此事。当和谈的南北双方在议和地点问题上发生争执时，李德立于 1911 年 12 月 12 日致电北方，自愿作为“议和公证人”，以中立者的身份促进南北和议。

1912 年 2 月 12 日，李德立（中）与唐绍仪（左）、伍廷芳（右）在戈登路 30 号合影（图片来源：赫经士孙辈们 Courtesy of Hawkings' Grandchildren）

12 月 17 日下午，北方议和全权代表——由袁世凯派遣的唐绍仪入住上海公共租界戈登路（今江宁路）30 号的李德立宅，与南方议和全权代表革命党人伍廷芳初次会面。次日，南北和议在公共租界议事厅正式举行。李德立作为上海外商代表，与英、美、俄、日、德、法等国驻沪领事一起以中立者的身份参与其中，并在之后继续为达成和议奔走、效力。1912 年 2 月 12 日，清宣统帝正式下诏退位，共和告成，南北议和成功。当天，李德立及其妻女在戈登路 30 号住宅的门廊下与唐绍仪、伍廷芳合影留念，共同庆祝中国第一个共和政府的诞生[4]。因其在南北和谈中的重大贡献，李德立获得袁世凯和孙中山共同颁发的和平勋章。

4. 朱宗震 . 辛亥革命议和时的一张历史照片 . 文物 , 1990(12): 91, 92；杨天石 . 在华经济利益与辛亥革命时期英国的对华政策 . 中国社会科学院近代史研究所编 . 辛亥革命与 20 世纪的中国——纪念辛亥革命九十周年国际学术讨论会论文集（下）, 2001: 454—474.

1912 年 9 月 24 日，**赫经士与格莱迪丝在牧师与父母的见证下在庐山成婚**（图片来源：赫经士孙辈们 Courtesy of Hawkings' Grandchildren）

李德立的女婿赫经士于 1883 年出生在英国萨默塞特郡（Bedminster，Somerset）。1908 年，他从英国移居至中国，供职于英美烟草公司；1910 年，与李德立之女格莱迪丝订婚。鉴于李德立当时在华的身份和地位，赫经士与格莱迪丝的婚礼格外隆重。1912 年 9 月 24 日，时年 29 岁的赫经士与 22 岁的格莱迪丝于庐山牯岭在牧师和李德立夫妇的见证下结为夫妇；之后，二人赶到英国驻九江（格莱迪丝的出生地）领事馆按照 1892 年颁布的外国人婚姻法进行了登记。10 月 10 日，赫经士夫妇在上海戈登路住宅就女儿的婚事大宴宾客。

1912 年 1C 月 10 日，赫经士夫妇、李德立夫妇与亲朋好友在上海戈登路的婚礼接待处前合影（图片来源：赫经士孙辈们 Courtesy of Hawkings' Grandchildren）

左：1917 年第一次世界大战期间，赫经士担任中国劳工军团少尉（图片来源：赫经士孙辈们 Courtesy of Hawkings' Grandchildren）
右：1917 年 11 月，赫经士身穿中国劳工军团少尉制服在英国布里斯托（图片来源：同上 ibid.）

虽然不能像岳父李德立一样轻松阅读中文书籍，但赫经士的汉语口语十分流利。正因如此，1917 年年初，赫经士前往山东威海卫的劳工招募中心督管中国劳工军团（Chinese Labor Corp）第四旅，并于同年 8 月辗转抵达法国加莱岛，在各个码头展开繁忙的工作。三个月后，赫经士被派回中国招募更多有修理汽车和坦克手艺的劳工。1918 年春，赫经士以“少尉”的身份在上海新天安堂、基督教青年会等场所发表公开演讲，以“与中国人民在一起”以及“前线中国劳工与传教士”等为话题介绍自己的亲身经历。除赫经士外，李德立的弟弟欧文和儿子小爱德华当时也加入了中国劳工军团。1918 年 11 月第一次世界大战结束后，赴海外的中国劳工继续留在当地从事清理战场和掩埋尸体等工作。1920 年年初，赫经士返回上海。此后，他一直热衷于教堂与传教事务，曾担任大教堂唱诗班指挥。他还是上海俱乐部高尔夫和板球运动的佼佼者，一度当选为致力于商业社交与社区服务的国际组织“上海扶轮社”（Shanghai Rotary club）主席。

左上：赫经士拍摄的中国劳工带着补给登船前往欧洲（图片来源：赫经士孙辈们 Courtesy of Hawkings' Grandchildren）
右上：赫经士拍摄的中国劳工在英国军官和工头的引导下下船（图片来源：同上 ibid.）
下：赫经士拍摄的中国劳工在法国努瓦耶尔（Noyelles）列队等待检阅（图片来源：同上 ibid.）

戈登路 30 号是卜内门上海分公司的首处房产，专门为李德立建造。公司允诺李德立一家可以一直在此居住，直到他在上海有了另外一处安居之地。因此，虽然 1918 年李德立退休（自 1921 年起，李德立在《字林西报》人名录里的身份为“澳大利亚驻华贸易领事”），但直到 1924 年年初，他都是这栋住宅的主人。据传这栋都铎复兴风格的两层住宅是英商德和洋行的作品，其底层为红砖清水墙面，设双柱拱券敞廊和门廊；二层设敞廊，采用白色粉刷墙面；主体建筑四坡顶，敞廊上设两个双坡顶；山墙面为露明木构架；基地上有大面积的草坪可用于举行户外社交活动。1922 年 8 月 22 日《字林西报》报道，在两天前的大雷雨中，戈登路 30 号住宅处传出一声震天巨响，其动静之大甚至引来几百人的围观，经调查，是住宅屋顶烟囱倒塌，而屋主李德立当时正在北戴河。在 1939 年版的《上海市行号路图录》中，未见此宅任何信息，推测有可能因房屋质量问题已被拆除。

婚后的赫经士夫妇居住在上海郊外的一座英式别墅内，虽然同样是都铎风格，带有拱廊且外墙饰以露明木构的两层别墅，但没有古典柱式，墙面更为简洁，屋顶更为陡峭，整体感觉是更偏于田园乡村风格的建筑。

根据当年《字林西报》的新闻报道记载，李德立翁婿二人都热衷于园艺，并且都是赛车、高尔夫、网球、板球等运动的爱好者，都热衷于公共事业和社交聚会，也许是共同的爱好和默契促成他们做出未来毗邻而居的决定。

左：1906年，戈登路30号李德立宅（图片来源：赫经士孙辈们 Courtesy of Hawkings' Grandchildren）
右：赫经士夫妇居住的英式别墅，地址不详（图片来源：同上 ibid.）

1922 年 10 月，初次踏勘宅基地时在机场前的合影

从左到右：小爱德华，男装打扮的次女多萝西，赫经士夫妇，长女埃塞温，小爱德华太太（图片来源：赫经士孙辈们 Courtesy of Hawkings' Grandchildren）

1922 年 10 月，初次探访宅基地时的合影
前排从左到右：男装打扮的次女多萝西，赫经士太太，小爱德华太太，长女埃塞温；后排从左到右：赫经士和小爱德华（图片来源：赫经士孙辈们 Courtesy of Hawkings' Grandchildren）

1922 年 10 月 29 日——戈登路住宅烟囱倒塌事故后的两月余，赫经士开着一辆敞篷车，带着太太格莱迪丝，大女儿埃塞温（Ethelwyn）和二女儿多萝西（Dorothy），还有妻弟小爱德华夫妇第一次共同来到虹桥机场边，踏勘在此处购买的九公顷宅基地——当时还是一片农田和荒野，是公共租界越界筑路的边缘地带。

在适宜停车的平整的虹桥机场前空地上，六个人兴致盎然地在机场主体建筑旁合影。赫经士夫妇坐在车内，康妮（小爱德华之妻）站在一边，赫经士的两个女儿站在侧面脚踏板上，小爱德华坐在车头上。微风吹动着衣裙，每个人脸上都喜气洋洋，对未来的家充满期待。拥有巨大山墙面和两个连续双坡屋顶、仅开设一排很小窗洞的机场建筑或许是飞机库。山墙下，一个身穿长袍的中国人和两个中国小孩远远地、好奇地望着这行人……这张近百年前的有趣合影开启了李德立与赫经士翁婿两家与虹桥机场间即将持续数十年的比邻友谊，以及对彼此命运的见证历程。

1923 年 2 月 10 日，施工放样，赫经士太太与建筑师尼尔森在李德立宅基地上（现大厅位置）（图片来源：赫经士孙辈们 Courtesy of Hawkings' Grandchildren）

1922 年的李德立夫妇已年过花甲，且经常在中国各地乃至国内外旅行，在上海寻地建宅一事主要由年富力强的赫经士夫妇全权负责。据格莱迪丝的日记记载，他们在确定用地后去咨询了正在设计卜内门洋行新总部大楼的建筑师嘉咸宾（Graham Brown，生卒年份不详）。这位定居香港的英国建筑师与出生于上海的英国建筑师文格罗（George Christopher Wingrove，1885—？）合伙创建了文格罗白朗洋行（Graham-Brown & Wingrove），他们不仅是上海著名利德尔宅（1920，今上海中福会儿童艺术剧场）和张园王宅（1921）的设计者，还曾与思九生洋行合作设计了嘉道理府邸（1920—1924，今中福会少年宫）。

1923 年 2 月 10 日，**赫经士与建筑师尼尔森在麗（丽）虹园花园场地上**（图片来源：赫经士孙辈们 Courtesy of Hawkings' Grandchildren）

然而，在存留至今的照片上看到，经常陪同赫经士夫妇到住宅现场的是名为“尼尔森”（Nielsen）的建筑师。据现有史料，尚无法断定尼尔森是否和嘉咸宾及其洋行有关，以及是否是此处住宅的设计者[5]。

5. 在郑时龄院士《上海近代建筑风格》（新版）中，虹桥路李德立宅被列在由加拿大建筑师爱尔德（Albert Edmund Algar，1873—1926）创建的爱尔德洋行 / 安利洋行（Algar & Co., Ltd.）设计的名下。郑时龄 . 上海近代建筑风格（新版）. 上海 : 同济大学出版社，2020: 476.

灵感来源：祁齐路毕克斯女士住宅（图片来源：赫经士孙辈们 Courtesy of Hawkings' Grandchildren）

在赫经士后人存留的一张与麗（丽）虹园住宅布局和风格非常接近的照片[6]上有“灵感来源：祁齐路（Route Ghisi，今岳阳路）毕克斯女士住宅（Mrs Bykers House）”的字样。这是一栋类似江南三合院民居的单层住宅，由中间堂屋和两侧厢房围合成U字形，开口朝南，围合在中间的庭院有明显抬高，整个房子坐落在基座上。堂屋和厢房都覆盖悬山式双坡屋顶，虽中脊两端起翘，但屋檐简朴无举折；南面山墙可见立贴式木结构；格扇式木门窗为江南民居的传统样式。屋顶上耸立着的四个烟囱、檐下的金属檐沟和雨水落水管、主体建筑南面大片的草坪和院中的太阳伞透露出住宅中的现代生活气息[7]。

6. 该照片由赫经士的外孙（次女多萝西的儿子）约翰·德·路西（John de Lucy）提供。
7. 与此低调的原型相比，麗（丽）虹园住宅要正式和堂皇许多，形制和装饰都更接近北方官式厅堂而非普通江南民居。

赫经士的摄影爱好和格莱迪丝的文字记录为后人留下了珍贵的史料，使我们得以从中厘清两栋虹桥老宅建设的全过程。虹桥机场边的住宅工程是从整饬场地、规划花园开始的：沿虹桥路砌筑围墙，搭建门楼，留出南向的大片空地，并规划了运动区域和农艺、园艺场地，左右两侧与邻近民居用地之间以竹篱分界。住宅和花园之间横贯一条小河，将生活区和活动区划分开来。为了以后可以在水中划船游玩，河道进行了拓宽，筑驳岸，设踏步，中段砌筑砖石基础，上面横跨一座木桥。在 1923 年 2 月，赫经士夫妇带着四个穿着洋装的年幼女儿陪同建筑师来基地监督工匠为住宅放线时，花园和木桥都已基本成形，建设地基也已平整压实。桥身宽两米左右，跨度超过十米，两侧木栏杆刷红色漆。

1923 年 2 月 10 日，赫经士的四个女儿在基本完工的木桥上合影（图片来源：赫经士孙辈们 Courtesy of Hawkings' Grandchildren）

1923 年，赫经士的四个女儿站在李德立宅的地基上合影（图片来源：赫经士孙辈们 Courtesy of Hawkings' Grandchildren）

左 / 右：1923 年，工人们正在为建设中的 THE LIMIT 挖自流井（图片来源：同上 ibid.）

1923 年 2—5 月间，建设中的 THE LIMIT（图片来源：赫经士孙辈们 Courtesy of Hawkings' Grandchildren）

左：1923 年，挖自流井的工人（图片来源：同上 ibid.）
右：1923 年，在 THE LIMIT 工地上的中国男孩（图片来源：同上 ibid.）

上：在建屋顶的西北角（图片来源：赫经士孙辈们 Courtesy of Hawkings' Grandchildren）
下：工人正在粉刷麗（丽）虹园屋顶上的雕像（图片来源：同上 ibid.）

1923 年 6 月，即将建好作为备用卧室的阁楼屋顶（图片来源：赫经士孙辈们 Courtesy of Hawkings' Grandchildren）

两栋住宅和门楼工程几乎是齐头并进，均为砖木混合结构：青砖墙体，楼面、梁和屋顶为木构。麗（丽）虹园宅靠基地的东北角，其门楼中轴线并不正对住宅，而是与住宅的东侧主入口相关联；THE LIMIT 的门楼中轴线正对两宅之间，两宅间设辅楼相隔，形成照壁效果。为了保障供水，工匠们还在两宅之间挖了自流井。

工匠们花费了很大的精力来建造麗（丽）虹园宅厅堂式歇山式大屋顶，不仅因为这个屋顶四角高翘，有明显的举折，更是因为屋脊、鸱尾均定制了精美的灰塑。赫经士夫妇居住的 THE LIMIT 宅采用了当时上海较为罕见的简朴造型，除门窗上部的平弧券和出挑一米多的挑檐外，外墙没有任何装饰，坡屋顶也不设举折。格莱迪丝在日记中调侃道："相比于精美的麗（丽）虹园，THE LIMIT 实在是简陋无比。"这栋完全没有装饰的充满现代气息的建筑对于当时还热衷于建造新古典主义大厦的上海来说，实属前卫。"THE LIMIT"的命名既体现了房屋所在的位置是虹桥路的尽头——当时上海行政辖区的边界也是公共租界权力管辖的边界，也体现了宅主人过人的胆识和敢于挑战不确定性的先锋精神。

上：从南面的槌球场望建设中的麗（丽）虹园（图片来源：赫经士孙辈们 Courtesy of Hawkings' Grandchildren）
下：1923 年 6 月，住宅院内（图片来源：同上 ibid.）

1924 年 4 月，建筑主体全部完工，其前是大片的花园。图片左上角可见当时虹桥机场的主体建筑（图片来源：赫经士孙辈们 Courtesy of Hawkings' Grandchildren）

上：1924 年 6 月，从小河对岸远眺李德立住宅的南面（图片来源：赫经士孙辈们 Courtesy of Hawkings' Grandchildren）
下：赫经士住宅北面（图片来源：同上 ibid.）

上：建成之初的麗（丽）虹园和 THE LIMIT，从虹桥路北侧方向望（图片来源：赫经士孙辈们 Courtesy of Hawkings' Grandchildren）
下：建成之初的麗（丽）虹园和 THE LIMIT，从南面花园方向望（图片来源：同上 ibid.）

经过一年多的建设，麗（丽）虹园和 THE LIMIT 终于在 1924 年 6 月基本告成，其对外公开的门牌为“虹桥路 600 号”。从一张手工上色的老照片上可见这处色彩艳丽、气宇轩昂的府邸：暗红色的大门和屋顶木构，明黄色的鸱尾和屋脊。在门楼两端爱奥尼木质壁柱上挂着一副对联：“朦地辟园林亭榭池台拟画本，极天揽云物浩怀逸兴荡胸襟。”这几乎是此后十余年间在这处虹桥机场旁世外桃源般的宅院里，一个在上海乃至中国都颇具影响力的英侨大家庭舒适家居生活与欢愉社交场景的真实写照。

1925—1936

宛若世外桃源

A Gated Paradise

1925 年 5 月 29 日，赫经士带着女儿佩吉和希拉在 THE LIMIT 的小溪中划船（图片来源：赫经士孙辈们 Courtesy of Hawkings' Grandchildren）

上：从西南面远眺麗（丽）虹园（图片来源：赫经士孙辈们 Courtesy of Hawkings' Grandchildren）
下：从南面远眺麗（丽）虹园和 THE LIMIT（图片来源：同上 ibid.）

尽管麗（丽）虹园的门楼和住宅屋顶做法显得较为讲究，但总体而言，翁婿两家住宅无论在空间布局上还是在材料工艺上均没有走奢华路线，而是采用了较为简朴的现代家居风格，而与之相伴的花园则成为宅基地上最灿烂多姿的场所。花园主要采用 18 世纪中叶以后受中国园林影响的自然主义英式园林布局及风格：微有起伏的大片草坪由蜿蜒的小路分隔，零星种植的本地树种间嵌入平整的草地球场，一处开挖得近乎圆形的池塘里种植着睡莲。这个花园并非专业设计师的作品，而是赫经士夫妇自己规划和营造的，他们为此雇用了 4 名中国园丁帮忙维护。

这处占地 6 公顷多的花园不仅是运动场、景观园，也是植物园、昆虫园和农耕园，其中种植的花卉品种来自多个国家。在赫经士外孙约翰 · 德 · 路西（John de Lucy，后文简称“约翰”）提供的一段用胶片摄于 1937 年约 21 分钟的彩色影像中，我们不仅可以看到黄馨、白玉兰、桃花、紫藤，以及艳红的剑兰、蓝紫色的绣球、金黄的郁金香、粉色的蔷薇花篱、橘色的百合、红彤彤的枫叶，还可以看到鲜活的蜻蜓、螳螂、天牛和蛇……据说，整个花园里曾散植 10 万株英国德文郡的黄水仙，还曾种植一片稻子（或麦子），当然也少不了一些时令蔬果。因为这里四季花卉众多，赫经士在不经意间当起了“蜂农”，甚至学会了摆弄蜂箱，他还于 1931 年在基督教青年会做过一场关于“蜜蜂”的专题讲座。赫经士太太以自己的园艺才能为傲，她养花的事情还登上过报纸。

住宅与花园之间的小河极富魅力：两侧草坡层层迭落，沿河栽种着玉兰、垂柳和紫荆，以及开着黄色和紫色花朵的鸢尾。留存至今的影像中有翁婿两家人和中外朋友坐在石阶上或斜躺在河边草坡上的合影，有赫经士带着女儿们在水上泛舟的留影，还有一张有着迷人霞光倒影的小河风景照上附贴着女主人格莱迪丝作的一首诗：

太阳洒下光芒 The sun that throws its light upon
将麗（丽）虹园的波光晕染 The coloured curves of Li Hung Yuan
爱抚着蜿蜒小溪 Caresses lovingly the stream
流淌于青青河岸间 That flows the grassy banks between
柳荫与水影 The willows' and the rushes'shade
组成一片仙境 Combine to make a fairy glade
我们的小船轻轻飘过此情此景 Through which our boat floats gently by
微风轻哼摇篮曲 The breezes singing a lullaby
红桥浮影摇曳 While shadows of the red bridge gleam
宛若静静溪流中的红宝石 Like rubies in the quiet stream

虽然这只是一首每两行押尾韵的普通英文诗，用词也很简单、通俗，却描绘出了这里恬静、悠然的日常景象和诗意氛围。更为有趣的是，这条小河是活水，且可以连通京杭大运河的支流。因此，在这个家族留存的诸多历史照片和影像中可以看到经过此处的船只（有的船覆有乌篷）、船上的老少人等，以及运输的各种货物，而撑船赶着成群鸭子的少年和在此野泳或捕捞鱼虾的乡间农人及孩子也会被记录在内。在赫经士当年拍摄的照片中，其中有一张上是两名中国人一前一后撑杆摇橹，而吃水颇深的小船上横着四口崭新的棺材。此外，在那段 21 分钟的影像中，我们还多次看到了在花园里拍摄到的彩虹，巨大的七彩桥梁从空中直落到花园的树梢上，不难想象当时一家人看到会有多么惊喜和自豪。

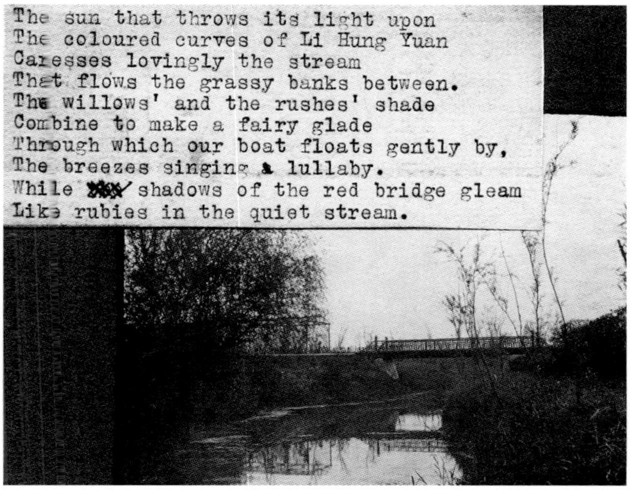

上：小河风景照与格莱迪丝的诗（图片来源：赫经士孙辈们 Courtesy of Hawkings' Grandchildren）
下：麗（丽 虹园的花园景色（图片来源：同上 ibid.）

上 / 中 / 下：花园中的小溪（图片来源：同上 ibid.）

上：李德立宅的露台（图片来源：赫经士孙辈们 Courtesy of Hawkings' Grandchildren）
左下 / 右下：1927 年，赫经士（左）和长女埃塞温（右）在麗（丽）虹园骑马（图片来源：同上 ibid.）

上：赫经士宅一楼客厅，系 20 世纪 40 年代拍摄，装修风格较最初已有改变（图片来源：赫经士孙辈们 Courtesy of Hawkings' Grandchildren）
左下：赫经士宅书房（图片来源：同上 ibid.）
右下：圣诞期间，赫经士宅一楼客厅的一角（图片来源：同上 ibid.）

1925 年 12 月，**赫经士夫妇与五个女儿在家中庆祝圣诞**（图片来源：赫经士孙辈们 Courtesy of Hawkings' Grandchildren）

麗（丽）虹园和 THE LIMIT 建成后的最初三年半里，翁婿两家过着三代同堂其乐融融的幸福生活。历史影像中，李德立和赫经士经常是一身运动装打扮，两位夫人则头带宽檐凉帽，长裙飘飘；眼见着孩子们从穿着短裙、长袜的稚童成长为风姿绰约的淑女。1927 年 10 月，李德立夫妇坐船前往新西兰，在北部岛屿的凯利凯利镇（Kerikeri）找到了适合栽种柑橘类水果的福地，准备开始新的开发项目。两年后，李德立夫妇正式定居新西兰，时而回上海和秦皇岛的自宅[8]居住数月。1939 年 2 月 2 日，李德立在凯利凯利病逝，享年七十五岁，其人生的四十三年岁月都是在中国度过的。他夫人卡罗琳在女儿和孙女的陪同下，于同年 4 月 19 日回上海暂居后又返回新西兰，直至 1947 年 8 月在凯利凯利长眠。李德立去世后，麗（丽）虹园作为遗产由女儿女婿继承。

8. 不仅在上海，李德立在秦皇岛北戴河还拥有一处名为“避风港”（The Haven）的避暑庄园，与儿子小爱德华的别墅比邻，另在庐山等地也建有自宅。

左：1924 年，格莱迪丝和五个女儿在宅前合影（图片来源：赫经士孙辈们 Courtesy of Hawkings' Grandchildren）
右：1934 年，格莱迪丝与五个已长大的女儿合影，后排左起：佩吉，希拉；前排左起：多萝西、埃塞温、格莱迪丝、贝蒂（图片来源：同上 ibid.）

20 世纪 30 年代，年富力强的赫经士夫妇在旅沪英侨中的地位和影响力与日俱增。现今，在《字林西报》1909—1949 年间的档案库中如果以“Hawkings”为关键词进行检索，可以找到百余条结果，其中约七十条都发生在 1930—1939 年之间。

赫经士夫妇共育有五个女儿：埃塞温（1913—2001）、多萝西（1915—1996）、贝蒂（Betty，1916—2014）、佩吉（Peggy，1919—2003）和希拉（Sheila，1922—1991）。在第五个女儿出生时，平时最调皮的二女儿多萝西被冠以一个男名“汤米”（Tommy），并以男装打扮直至十三岁，这似乎是受到起名“招弟”以期盼增添男丁的中国传统的影响。刚搬进虹桥路 600 号时，格莱迪丝在一张 THE LIMIT 宅前的合影下调侃道：“仅限女士”（Limit to Ladies），而那时候最小的女儿希拉应该还兜着尿布，最大的女儿埃塞温将要进入中学。春去秋来，很快，五个女儿都出落得亭亭玉立。

1925 年 6 月 7 日，李德立夫妇、赫经士夫妇及他们的两个女儿在宅前合影（图片来源：赫经士孙辈们 Courtesy of Hawkings' Grandchildren）

1925 年 5 月 25 日，霍奇金（Hodgkin）夫妇在经西伯利亚前往英国的前一天来赫经士家道别（图片来源：同上 ibid.）

1940 年 4 月 30 日，上海教堂合唱团和周日学校在 THE LIMIT 外。最右边为柯蒂斯（Curtis）主教（图片来源：赫经士孙辈们 Courtesy of Hawkings' Grandchildren）

那个时代自称“上海人”（Shanghailander）的在沪英侨通常都希望自己的子女“在成为上海人之前先做一个英国人”[9]，因此会把在上海出生的子女送到国外接受高等教育。在 1933 年 1 月 7 日《字林西报》第 11 版的“淑女专版”上，刊登了一篇标题为“来来往往”（Coming and Going）的报道，预告赫经士太太将携最年幼的两个女儿于次日随意大利邮轮“康脱凡第号 / 绿伯爵号”（The Conte Verde）离开上海前往新西兰旅居四个多月，而这意味着由 THE LIMIT 女主人操办的各类家居、园艺和公益活动将暂停一段时间。从这篇报道中还可获悉，赫经士家的长女埃塞温在瑞士纳沙泰尔（Neuchatel）学习法语商业课程，次女多萝西则在创建于 1849 年的英国第一所女性高等教育学府——贝德福德学院（Bedford College）学习为期三年的福禄贝尔教育学（Frobel）课程，并打算未来从事教育工作。与多萝西仅差一岁的三女儿贝蒂也在新西兰完成了学业，并成功通过了考试，同样准备进入贝德福德学院。

9. 张和声．孤傲的“上海人”——上海英侨一瞥．史林，2004（6）．

1930 年，在李德立宅前合影的汇丰银行员工（图片来源：赫经士孙辈们 Courtesy of Hawkings' Grandchildren）

赫经士在上海有诸多商务头衔，并在多个社会组织内任职。他曾是卜内门洋碱有限公司的上海地区经理；1933 年后一直担任当时规模最大的运输公司——英商茂泰洋行有限公司（Marden and Co）[10] 经理；1936 年后屡次当选旅华英侨协会（British Residents' Association of China）主席；自 1923 年被选为上海扶轮社的主席后，他于 1939 年担当该社发言人，每周在都城饭店（Metropole Hotel）发表演讲。赫经士与中外人士的交往极其广泛。在一张 20 世纪 30 年代汇丰银行员工的照片上，十七名中国男女站在李德立宅前，男士除一人着长衫外，其余都西装革履，而女士则是清一色的旗袍、高跟鞋。面对珍贵的历史照片，如果能按图索骥找出留影人的身份，或许可以理清当时在沪英侨与中国商界精英的部分社交网络。

10.1925 年由英商马登（G. E. Marden）创办，“茂泰”为“马登”的中文谐音，寓意“兴隆安泰”。根据上海地方志记载，茂泰洋行是一家运输公司，与隆茂、亨茂等数家洋行在沪经营汽车货运业务。抗日战争爆发前，上海共有外商独资汽车货运企业十一家，而茂泰洋行因已拥有汽车五十辆，成为全市该行业中运力规模最大的一家。

在宅前草坪上打板球（图片来源：赫经士孙辈们 Courtesy of Hawkings' Grandchildren）

上：1940 年 4 月 30 日，赫经士在花园聚会上用蜂箱做示范（图片来源：同上 ibid.）

下：1939 年，手提蜂巢的园丁与赫经士家人（图片来源：同上 ibid.）

THE LIMIT 花园中的景色（图片来源：同上 ibid.）

上 / 下：花园中的景色。上图左上角可见当时虹桥机场的主体建筑（图片来源：赫经士孙辈们 Courtesy of Hawkings' Grand-children）

在虹桥路 600 号举行的聚会类型很多，主要有四类：一是商务派对，二是体育运动，三是园艺家居交流，四是公益慈善活动。橄榄球、曲棍球、板球、钓鱼、打猎、赛马等是当时广受在沪英侨欢迎的体育运动。赫经士有很高的运动天赋，当时的英文报纸曾多次刊载他在香港、上海举办的板球、草坪网球、高尔夫比赛中取得佳绩。例如 1920 年，他代表上海在香港参加板球比赛，打破纪录；1935 年 9 月，他在虹桥高尔夫俱乐部（Hungjao Golf Club，今上海动物园）比赛中夺冠。虹桥路 600 号经常举行板球比赛，1937 年还举行了一次盛大的板球俱乐部派对。当时中外宾客云集，仅小孩子就有三四十个。

格莱迪丝作为 THE LIMIT 的女主人和五个女孩的母亲在享受相夫教子的平常生活的同时，出色地承担着旅华英侨协会主席夫人的公共角色。在她的高效组织下，虹桥路 600 号的园艺家居交流花样翻新，例如每年夏季举行的海外联盟花园聚会（The Oversea League Garden Party）、扶轮社花园聚会（the Rotary Club Garden Party）等。英国妇女协会和美国妇女俱乐部也常在此举办集会，格莱迪丝曾在会上发表与园艺相关的演讲。此外，每年圣诞节都有一个名叫“侦探故事”（Detective Story）的游戏在这里赚足人气，例如 1932 年的圣诞节，有多达八十人参加。

赫经士夫妇热心于各类慈善事业和公益活动。这些活动有的是针对本地弱势社群或教会学校，例如去俄罗斯学校陪伴穷苦的孩子，邀请教堂合唱团、主日学校师生、中国女子学校师生来虹桥路 600 号聚会等；有的是针对在沪的英国和欧洲社群，尤其针对战争中的受创群体，例如举办音乐会为伦敦医院筹集善款。在第二次世界大战期间，夫妇二人通过英国红十字会为士兵捐款，为被侵略国伤害的芬兰、波兰、挪威、荷兰、比利时、法国等国的童子军举办音乐会，通过售卖《上海街道》（*Streets of Shanghai*）募捐童子军基金。赫经士因在日占时期为英国社区所做的贡献荣获大英帝国官佐勋章（Officer，Order of the British Empire）。格莱迪丝曾在青年会、都城饭店等公共场合发表演讲，主题除了她醉心的园艺外，还有女性身份与职责，例如“美与服务”“女人如何看待男人”等内容。

1938 年，中国女子学校百余名师生受邀来访 THE LIMIT，赫经士在后排中央（图片来源：赫经士孙辈们 Courtesy of Hawkings' Grandchildren）

“希望之门野餐会”在 THE LIMIT 举办。图中女孩都在教会学校上学（图片来源：赫经士孙辈们 Courtesy of Hawkings' Grandchildren）

在保留至今的家庭历史照片中，有一张格外引人注目：几十名学生打扮的中国女孩聚集在虹桥路 600 号的草地上、小溪边游玩。照片下面手写的图注是“希望之门野餐会”（Door of Hope Picnic）。“希望之门”是 1901—1949 年间在上海颇具影响力的新教教会（Protestant Mission），主旨通过社会捐款为 150—200 名贫困女孩提供两年的食宿和教育经费，以帮助她们获得可以自立的基本技能。在学校中，女孩们学习读、写和一些基本工作技能——主要是缝纫、刺绣、编织等。女孩们通过制作玩偶服饰、布艺家居用品等，一方面练习手工技能，另一方面贴补机构支出。“希望之门”靠公益组织和社会机构获得资助，其中包括赫经士担任主席的上海扶轮社、与格莱迪丝关系密切的美国妇女俱乐部，以及李德立曾在其中担任要职的上海工部局等。

THE LIMIT 花园中的景色（图片来源：赫经士孙辈们 Courtesy of Hawkings' Grand-children）

上：1937 年，在 THE LIMIT 花园中举行板球俱乐部聚会（图片来源：赫经士孙辈们 Courtesy of Hawkings' Grand-children）
下：1937 年，在 THE LIMIT 花园中板球俱乐部成员的聚会合影（图片来源：同上 ibid.）

GROUP taken at the garden party given by Mr. and Mrs. W. J. Hawkings to members of the British Universities and Schools Luncheon Club on Saturday, June 1.—*Ah Fong.*

某年 6 月 1 日（周六），赫经士夫妇为英国大学和学校的午餐俱乐部举办花园聚会的合影（图片来源：上海星期日泰晤士报 *The Shanghai Sunday Times*，1935-06-09.）

1937 年，在 THE LIMIT 花园中板球俱乐部成员的聚会合影。赫经士的 3 个女儿坐在第一排：多萝西（左 1）、贝蒂（左 3）、埃塞温（右 2），赫经士站在最后一排（右 3）
（图片来源：赫经士孙辈们 Courtesy of Hawkings' Grand-children）

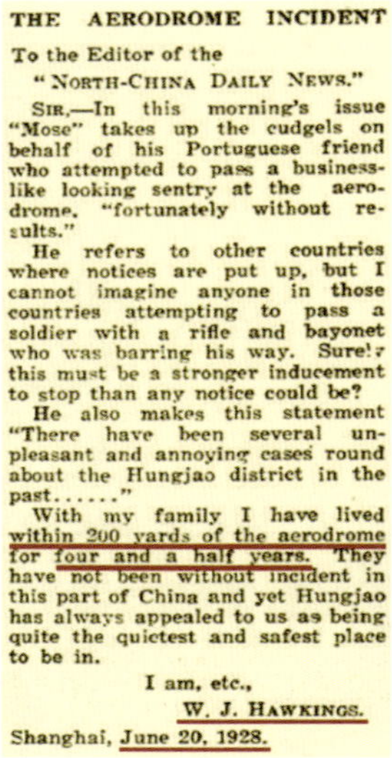

THE AERODROME INCIDENT

To the Editor of the "NORTH-CHINA DAILY NEWS."

SIR,—In this morning's issue "Mose" takes up the cudgels on behalf of his Portuguese friend who attempted to pass a business-like looking sentry at the aerodrome, "fortunately without results."

He refers to other countries where notices are put up, but I cannot imagine anyone in those countries attempting to pass a soldier with a rifle and bayonet who was barring his way. Surely this must be a stronger inducement to stop than any notice could be?

He also makes this statement "There have been several unpleasant and annoying cases round about the Hungjao district in the past......"

With my family I have lived within 200 yards of the aerodrome for four and a half years. They have not been without incident in this part of China and yet Hungjao has always appealed to us as being quite the quietest and safest place to be in.

I am, etc.,
W. J. HAWKINGS.

Shanghai, June 20, 1928.

左：《字林西报》刊登赫经士 1928 年 6 月 20 日来信（图片来源：字林西报 *The North-China Daily News*）
右：1927 年，驻扎在麗（丽）虹园的英国士兵在大门前换岗（图片来源：赫经士孙辈们 Courtesy of Hawkings' Grandchildren）

除了以上公共活动外，赫经士夫妇的广结人缘还为虹桥路 600 号带来英国部队官兵的身影。1927 年春，上海的英国部队在虹桥地区临时驻扎，从最初的几名军官受邀，到每周日晚上士兵们来此地喝酒欢聚的例行活动，甚至有一天像赶集一样陆续涌入了两百多名官兵，在 THE LIMIT 前面的草坪上听赫经士的挑灯演讲和看露天电影。这里成为全副武装的士兵们出操和休息的理想去处，他们跟赫经士家的孩子们结下了深厚的友谊，门楼前、院落内、小红桥上都曾留下士兵与孩子们的合影。

翁婿两家人在麗（丽）虹园定居的最初十五年中享受着恬静的花园生活和各种社交派对。然而，虹桥机场的周边地区不时有各类冲突发生。例如 1928 年 6 月 20 日的《字林西报》上刊载了一封赫经士的信，描述了一次"飞机场事故"：莫斯先生为自己的一名葡萄牙朋友操起了棍棒，后者试图通过一条看似商务通道的哨岗，所幸"未造成伤亡"。赫经士在信的最后说，自己居住在距离虹桥机场不到两百码的区域内已有四年半的时间，虽然该地区时有冲突发生，但虹桥路附近依旧是"最安静、最安全"的宜人的居住地。

1927 年，英国士兵在 THE LIMIT 前听赫经士的挑灯演讲和看露天电影（图片来源：赫经士孙辈们 Courtesy of Hawkings' Grand-children）

左上：1929 年 7 月 8 日，第一架邮航班机从虹桥机场飞抵南京，这是我国民用航空正规航线的首航（图片来源：上海虹桥国际机场公司 Shanghai Hongqiao International Airport Company）

左下：肖特的座机——X66W 号波音 218（图片来源：同上 ibid.）

右：1929 年 8 月 26 日，第一架载客班机（史汀生 SM-1F“底特律人”运输机）从虹桥机场飞抵南京。往返航程中的乘客仅 4 人（图片来源：同上 ibid.）

左：美国飞行员罗伯特 · 肖特（图片来源：同上 ibid.）

右：1932 年，中国政府在虹桥机场入口处为罗伯特 · 肖特竖立纪念碑（图片来源：同上 ibid.）

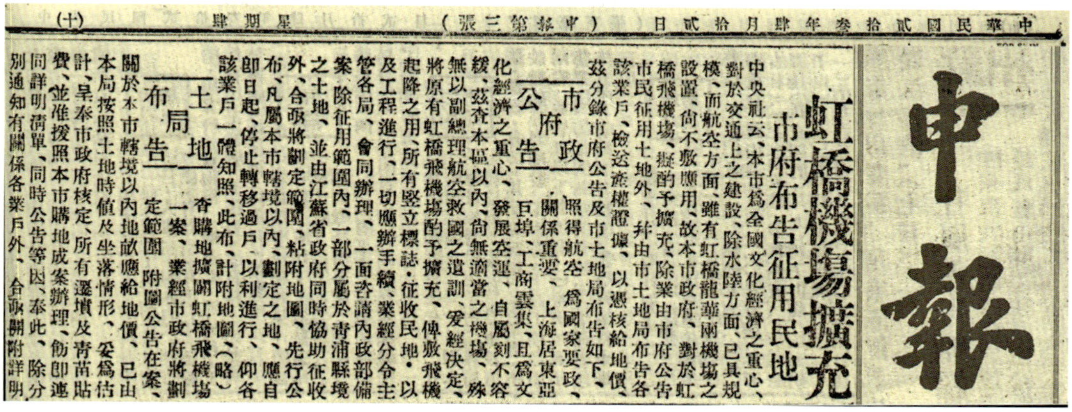

中華民國貳拾叁年肆月拾貳日 （申報第三張） 星期肆 （十）

申報

虹橋機場擴充

市府布告征用民地

中央社云、本市爲全國文化經濟之重心、對於交通上之建設、除水陸方面、已具規模、而航空方面、雖有虹橋龍華兩機場之設置、尚不敷應用、故本市政府、對於虹橋飛機場、擬酌予擴充、除業由市府公告市民征用土地外、幷由市土地局布告各該業戶、檢送產權證據、以憑核給地價、茲分錄市府公告及市土地局布告如下、

市政府公告 照得航空、爲國家要政、關係重要、上海居東亞巨埠、工商雲集、且爲文化經濟之重心、發展空運、自屬刻不容緩、茲查本區以內、尚無適當之機場、殊無以副總理航空救國之遺訓、爰經決定、將原有虹橋飛機場酌予擴充、俾敷飛機起降之用、所有豎立標誌·征收民地·以及工程進行、一切應辦手續、業經分令主管各局、會同辦理、一面咨請內政部備案、除征用範圍內、一部分屬於青浦縣境之土地、並由江蘇省政府同時協助征收外、合亟將劃定範圍、粘附地圖、先行公布、凡屬本市轄境以內、劃定之地、應自即日起、停止轉移過戶、以利進行、仰各該業戶一體知照、此布、計附地圖、（略）

土地局布告 查購地擴闢虹橋飛機場一案、業經市政府將劃定範圍 附圖公告在案、關於本市轄境以內地畝應給地價、已由本局按照土地時值及坐落情形、妥爲估計、呈奉市政府核定、所有遷墳及青苗貼費、並准援照本市購地成案辦理、飭即連同詳明清單、同時公告等因、奉此、除分別通知有關係各業戶外、合亟開附詳明

1934 年，《申报》刊登上海市政府公告，决定征地 890 亩（约 59.63 公顷），以扩建原有虹桥机场（图片来源：上海虹桥国际机场公司 Shanghai Hongqiao International Airport Company）

与虹桥路 600 号内世外桃源般的恬静、安逸生活形成鲜明对比的是，20 世纪二三十年代，上海周边始终军阀混战不断，战争的阴影始终在咫尺之外的虹桥机场上空盘旋。1931 年“九一八”事变后，东北沦陷，局势更为紧张。1932 年 1 月 28 日，日军向上海闸北发起进攻，驻防的第十九路军奋起反击，这就是“一·二八”淞沪抗战。次日凌晨，日军飞机从停泊在黄浦江上的航空母舰起飞，对闸北华界进行猛烈轰炸……1932 年 2 月 18 日，美国空军上尉罗伯特·肖特[11]在上海虹桥机场试驾刚完成组装的 X66W 号波音 218，次日，便驾驶该飞机转场南京。起飞不久，与 3 架日机狭路相逢，一番较量后，技高一筹的罗伯特·肖特甩开对手，于当晚 7 点半安全飞抵南京。2 月 22 日下午，当他驾驶飞机行经苏州上空时，发现 6 架日机正伺机轰炸苏州新建成的葑门机场，他奋不顾身地驾机冲向敌阵，直面迎战。在击落一架日机后，终因寡不敌众被击中机身要害，罗伯特·肖特连人带机坠落吴县车坊高垫村浮槽港口的水中，成为中国对日空战中第一名捐躯的外籍飞行员。为纪念他的功绩，中国政府为他举行了公葬，并在虹桥机场入口处竖立纪念碑。

11.Robert Short，1905—1932，受波音公司委派来华主持联络业务，被国民党军政部航空学校聘为飞行教官。

1937—1951

战争无人能幸免

War is coming

1948 年 4 月，四女儿佩吉（右）与母亲在家宅露台合影，其身后可见正在拆除的日军营房（图片来源：赫经士孙辈们 Courtesy of Hawkings' Grandchildren）

左：日军强闯虹桥机场（图片来源：上海虹桥国际机场公司 Shanghai Hongqiao International Airport Company）

右：因强闯虹桥机场被击毙的日军及汽车（图片来源：同上 ibid.）

1939 年 10 月，赫经士夫妇在宅中待客（图片来源：赫经士孙辈们 Courtesy of Hawkings' Grandchildren）

1937年8月9日下午5时许，日本海军陆战队中尉大山勇夫率一等水兵斋藤要藏，驾军车沿虹桥路由东向西疾驶，强闯虹桥机场大门。机场守卫喝令其停车无效，遂开枪射击。日军车急速右转，驶入碑坊路（当时在机场东侧，现为机场内一便道），在离机场大门北百余米处被击中。大山勇夫当场毙命，斋藤要藏在弃车而逃的过程中也被击毙。这就是史称“虹桥机场事件”的大致情况。同年8月13日，日本军以其蓄意制造的“虹桥机场事件”为借口，发动侵占上海的“八一三”淞沪战争。

1937年11月12日，上海华界和公共租界位于苏州河以北的地区沦陷。对于这场由日本挑起的战争，英、美、法等国以“事不关己”的心态宣布保持中立，自此，苏州河以南的公共租界和法租界陷入长达4年零27天的“孤岛时期”。1941年12月8日，日本突袭珍珠港，太平洋战争爆发，同时，日本军队侵入公共租界，全面占领上海。英美外交官被软禁，英美敌产，包括物资、不动产、企业等被扣押和查封。1942年10月1日起，在沪外国人根据其国家当时与日本国“敌对”和“同盟”的关系被分成三类：“敌国及敌性国人”（指与日本交战的英国、美国、荷兰、比利时、希腊、加拿大等10余国人）、“中立国人”（指犹太人、白俄人等）和“轴心国人”（指在第二次世界大战中结成法西斯联盟的国家，如德国、意大利、日本及与其合作的一些国家和占领国的人）。日军要求，除13岁以下儿童外，“敌国及敌性国人”在外出时必须佩戴红色袖章，并被禁止出入电影院、剧场、舞厅、夜间俱乐部、跑马场和酒吧等公共娱乐设施[12]。

12. 高纲博文．日本占领下的“国际都市”上海——日本占领下上海外国人政策与外国居留民状况 // 高纲博文．战时上海（1937—1945）．陈祖恩，等，译．上海：上海远东出版社，2016.

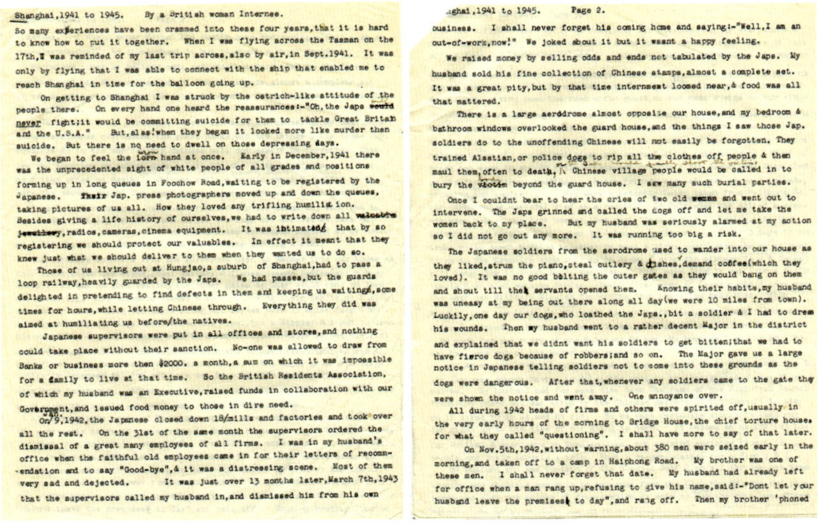

Shanghai,1941 to 1945.   By a British woman Internee.

So many experiences have been crammed into these four years,that it is hard to know how to put it together. When I was flying across the Tasman on the 17th,I was reminded of my last trip across,also by air,in Sept.1941. It was only by flying that I was able to connect with the ship that enabled me to reach Shanghai in time for the balloon going up.

On getting to Shanghai I was struck by the ostrich-like attitude of the people there. On every hand one heard the reassurances:-"Oh,the Japs would never fight;it would be committing suicide for them to tackle Great Britain and the U.S.A." But,alas!when they began it looked more like murder than suicide. But there is no need to dwell on those depressing days.

We began to feel the iron hand at once. Early in December,1941 there was the unprecedented sight of white people of all grades and positions forming up in long queues in Foochow Road,waiting to be registered by the Japanese. Their Jap. press photographers moved up and down the queues, taking pictures of us all. How they loved any trifling humiliation. Besides giving a life history of ourselves,we had to write down all valuables jewellery,radios,cameras,cinema equipment. It was intimated that by so registering we should protect our valuables. In effect it meant that they knew just what we should deliver to them when they wanted us to do so.

Those of us living out at Hungjao,a suburb of Shanghai,had to pass a loop railway,heavily guarded by the Japs. We had passes,but the guards delighted in pretending to find defects in them and keeping us waiting,some times for hours,while letting Chinese through. Everything they did was aimed at humiliating us before/the natives.

Japanese supervisors were put in all offices and stores,and nothing could take place without their sanction. No-one was allowed to draw from Banks or business more then $2000. a month,a sum on which it was impossible for a family to live at that time. So the British Residents Association, of which my husband was an Executive,raised funds in collaboration with our Government,and issued food money to those in dire need.

On Jan. 9,1942,the Japanese closed down 18/mills and factories and took over all the rest. On the 31st of the same month the supervisors ordered the dismissal of a great many employees of all firms. I was in my husband's office when the faithful old employees came in for their letters of recommendation and to say "Good-bye",& it was a distressing scene. Most of them very sad and dejected. It was just over 13 monthes later,March 7th,1943 that the supervisors called my husband in,and dismissed him from his own

...nghai,1941 to 1945.   Page 2.

business. I shall never forget his coming home and saying:-"Well,I am an out-of-work,now!" We joked about it but it wasnt a happy feeling.

We raised money by selling odds and ends not tabulated by the Japs. My husband sold his fine collection of Chinese stamps,almost a complete set. It was a great pity,but by that time internment loomed near,& food was all that mattered.

There is a large aerodrome almost opposite our house,and my bedroom & bathroom windows overlooked the guard house,and the things I saw those Jap. soldiers do to the unoffending Chinese will not easily be forgotten. They trained Alsatian,or police dogs to rip all the clothes off people & then maul them,often to death, Chinese village people would be called in to bury the victim beyond the guard house. I saw many such burial parties.

Once I couldnt bear to hear the cries of two old women and went out to intervene. The Japs grinned and called the dogs off and let me take the women back to my place. But my husband was seriously alarmed at my action so I did not go out any more. It was running too big a risk.

The Japanese soldiers from the aerodrome used to wander into our house as they liked,strum the piano,steal cutlery & dishes,demand coffee(which they loved). It was no good bolting the outer gates as they would bang on them and shout till the servants opened them. Knowing their habits,my husband was uneasy at my being out there along all day(we were 10 miles from town). Luckily,one day our dogs,who loathed the Japs.,bit a soldier & I had to dress his wounds. Then my husband went to a rather decent Major in the district and explained that we didnt want his soldiers to get bitten;that we had to have fierce dogs because of robbers;and so on. The Major gave us a large notice in Japanese telling soldiers not to come into these grounds as the dogs were dangerous. After that,whenever any soldiers came to the gate they were shown the notice and went away. One annoyance over.

All during 1942 heads of firms and others were spirited off,usually in the very early hours of the morning to Bridge House,the chief torture house, for what they called "questioning". I shall have more to say of that later.

On Nov.5th,1942,without warning,about 380 men were seized early in the morning,and taken off to a camp in Haiphong Road. My brother was one of these men. I shall never forget that date. My husband had already left for office when a man rang up,refusing to give his name,said:-"Dont let your husband leave the premises to day",and rang off. Then my brother 'phoned

格莱迪丝以“一名被拘禁的英国妇女”的名义记录 1941—1945 年的经历（图片来源：赫经士孙辈们 Courtesy of Hawkings’ Grandchildren）

以“一名被拘禁的英国妇女”的名义，格莱迪丝用笔记录了 1941—1945 年在上海的经历。1941 年 9 月，刚从国外返沪的她诧异地发现，在沪英侨大多坚持“鸵鸟政策”，认为：“日本人不会打，他们跟大英帝国和美国开战无异于自杀。”“当他们真的这样干时，那更是谋杀而不是自杀。”在格莱迪丝的记述中，我们获悉：1941 年 11 月开始，各种阶层和身份的白人在福州路排起长队，等待被日本人登记。日本记者在队伍的前前后后不断拍照。外侨被要求录入所有家中的财物，诸如收音机、相机、摄影机等，与其说是为了保护这些值钱的东西，不如说是可以方便日军随时去拿取。那些住在上海郊区的人都需要经过一段由日军把守的铁路环线，经常被刻意找茬后扣押，有时长达数小时，极尽羞辱。沪上所有银行、商店都由日军严格管控，没人能在 1 个月中从银行提取 2000 元，这对于当时的很多外侨家庭来说很难维持正常的生活，大家只能靠互助以解燃眉之急。从 1942 年 1 月起，日军关闭了大量工厂、公司，导致大量员工失业。1943 年 3 月 7 日，赫经士回到家中：“好了，现在我也成了失业工人了。”自此，赫经士一家只好变卖尚未被日军登记在册的各种家当以换取口粮。

透过自己卧室和卫生间的窗户，格莱迪丝目睹了在被日军占领的机场上日本兵是如何对手无寸铁的中国人施暴：放狼狗撕咬致死，或是直接开枪打死，之后，命令中国村民把尸体埋在日军的守卫室旁。有一次，她因实在无法忍受两名中国老妇的哀叫声而出门干预，日本兵才一脸嗤笑地拉走了狼狗。这些都成为格莱迪丝刻骨铭心的记忆。

有段时间，驻扎机场的日本兵会时常拍砸大门，随意闯入毗邻的虹桥路 600 号，进入房间后敲打钢琴、偷盘子、索要咖啡……在一次有个擅入的日本兵被赫经士家的狗咬伤后，赫经士找到日本军官，说自家必须豢养狼狗来防盗、防贼，但不希望日本兵被咬伤。于是，日本军官在 THE LIMIT 的大门上用日文张贴了一张告示：“内有猛犬，切勿入内。”自此，日军的日常骚扰才得以终结。

然而，对在沪外侨来说，厄运才刚刚开始。1942 年 10 月，侵沪日军决定除了拘留“有外国间谍嫌疑者以及对军队有特别危害之嫌疑者”外，要将其他在华敌国和绝交国人士集中拘禁。格莱迪丝无法忘记这一天——1942 年 11 月 5 日早上，日军突然逮捕了 380 名男性外侨，把他们拘押到海防路（Haiphong Road），而自己的弟弟，也就是李德立的独子小爱德华也在其中。

根据史料统计，1941 年 12 月，居住在上海的日本人有 94 768 人，其他国外侨共计 83 174 人，其中英侨 6100 人，数量仅次于在沪的犹太人和白俄人。1943 年 4 月，总计 6708 名“敌国人”被分散拘禁在上海各区的 8 个集中营中，其中英国人 5418 名，美国人 1081 名[13]。当时在上海被集中拘禁的外侨最小年龄者仅 6 个月，最长者 88 岁。

1943 年 4 月 19 日，在失业不到 1 个半月后，赫经士夫妇被关进了当时上海最大的英美侨民集中营——龙华集中营（Lunghwa Civilian Assembly Centre），并在此度过了近 29 个月的监禁生活，直到 1945 年 9 月才重获自由，所幸 5 个女儿当时都在海外[14]。

---

13. 高纲博文 . 日本占领下的“国际都市”上海——日本占领下上海外国人政策与外国居留民状况 // 高纲博文 . 战时上海（1937—1945）. 陈祖恩，等，译 . 上海：上海远东出版社，2016.

14. 埃塞温 1939 年 10 月陪同外祖母回新西兰定居，1945 年底在凯利凯利嫁给一名荷兰驻新西兰领事后与夫君赴新加坡履新职。多萝西 1940 年在马兰半岛的金马伦高原（Cameron Highlands，Malaya）任教，后移居新加坡，在亚历山大医院当护士，并于 1942 年嫁给一名橡胶种植园主，在新加坡沦陷（同年）前多萝西已坐船前往锡兰，其丈夫不幸被关入樟宜集中营。贝蒂和佩吉在整个第二次世界大战期间都在英国任教，其中佩吉终生未嫁，1947 年成为一名女传教士，在中国武汉传教至 1951 年。希拉 1940 年前往加拿大，后参军奔赴英国前线。第二次世界大战后，贝蒂和希拉在英国各自与加拿大人结婚。

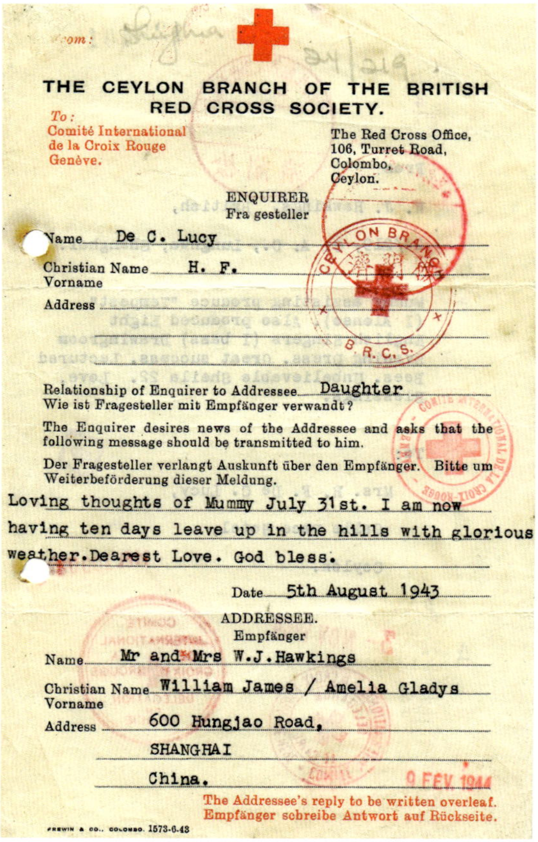

From:

THE CEYLON BRANCH OF THE BRITISH RED CROSS SOCIETY.

To: Comité International de la Croix Rouge Genève.

The Red Cross Office, 106, Turret Road, Colombo, Ceylon.

ENQUIRER
Fra gesteller

Name De C. Lucy
Christian Name H. F.
Vorname
Address

Relationship of Enquirer to Addressee Daughter
Wie ist Fragesteller mit Empfänger verwandt?

The Enquirer desires news of the Addressee and asks that the following message should be transmitted to him.

Der Fragesteller verlangt Auskunft über den Empfänger. Bitte um Weiterbeförderung dieser Meldung.

Loving thoughts of Mummy July 31st. I am now having ten days leave up in the hills with glorious weather. Dearest Love. God bless.

Date 5th August 1943

ADDRESSEE.
Empfänger

Name Mr and Mrs W.J.Hawkings
Christian Name William James / Amelia Gladys
Vorname
Address 600 Hungjao Road, SHANGHAI China.

9 FEV 1944

The Addressee's reply to be written overleaf.
Empfänger schreibe Antwort auf Rückseite.

FREWIN & CO., COLOMBO. 1573-6-43

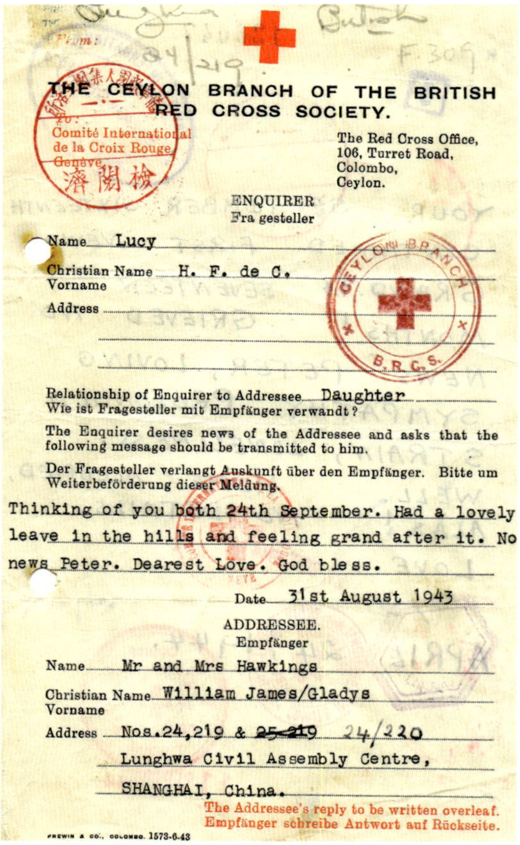

From:

THE CEYLON BRANCH OF THE BRITISH RED CROSS SOCIETY.

To: Comité International de la Croix Rouge Genève.

The Red Cross Office, 106, Turret Road, Colombo, Ceylon.

ENQUIRER
Fra gesteller

Name Lucy
Christian Name H. F. de C.
Vorname
Address

Relationship of Enquirer to Addressee Daughter
Wie ist Fragesteller mit Empfänger verwandt?

The Enquirer desires news of the Addressee and asks that the following message should be transmitted to him.

Der Fragesteller verlangt Auskunft über den Empfänger. Bitte um Weiterbeförderung dieser Meldung.

Thinking of you both 24th September. Had a lovely leave in the hills and feeling grand after it. No news Peter. Dearest Love. God bless.

Date 31st August 1943

ADDRESSEE.
Empfänger

Name Mr and Mrs Hawkings
Christian Name William James/Gladys
Vorname
Address Nos.24,219 & ~~25-219~~ 24/220
Lunghwa Civil Assembly Centre,
SHANGHAI, China.

The Addressee's reply to be written overleaf.
Empfänger schreibe Antwort auf Rückseite.

FREWIN & CO., COLOMBO. 1573-6-43

1943 年 8 月 5 日和 31 日，多萝西从锡兰寄给父母的信（图片来源：赫经士孙辈们 Courtesy of Hawkings' Grandchildren）

1943 年 8 月 5 日，因丈夫在新加坡被拘，独自带孩子逃到科伦坡在英国红十字会锡兰（今斯里兰卡）分会工作的多萝西曾写信给父母，因为地址还是用的“虹桥路 600 号”，这封信直到 1944 年 2 月 9 日才辗转到达赫经士夫妇手中。应该是后来得知父母音讯，1943 年 8 月 31 日多萝西的第二封信直接寄到了龙华集中营。赫经士夫妇当时分别住在 219 号和 220 号营房的 24 床，他们拿到女儿的第二封信时已是 1944 年 9 月 11 日。

龙华集中营由当时江苏省立上海中学（今上海中学）吴家巷校区改造而成。占地 80 英亩（约 32.4 公顷）的校区在 1937 年曾为中国军队所征用，搭建了临时营房，撤离时为防止被日军占用，拆毁了校园中的几栋主楼，剩下几栋破损严重的楼。1943 年，日军对破楼稍加修整，用带刺的铁丝网将校园封闭成集中营，近 1800 名欧美侨民曾在这里被关

格莱迪丝收录有关集中营画作的画册封面（图片来源：赫经士孙辈们 Courtesy of Hawkings' Grandchildren）

押[15]。当时与父母失散的英国著名作家巴拉德（J.G. Ballard，1930—2009）被关入龙华集中营时还只是个十三四岁的少年。1987 年，他的自传体小说《太阳帝国》（*Empire of the Sun*，1984）被美国导演斯皮尔伯格（Steven Spielberg）翻拍成电影，再现了第二次世界大战期间在沪外侨集中营中的痛苦经历。

格莱迪丝曾经汇编一本画册，收录集中营中的英侨画作，其中最精彩的是英国女传教士戴尔德丽（Deirdre Fee）手绘的建筑和生活场景：原来的校园被大致分成七个区域，龙门楼、先棉堂等原有教学楼和之前中国军队建造的临时木板房被当作主要的集中营用房，通常一间教室 / 房间里成排摆放数十张简陋的床铺，所有的物品都堆放在床的周围。天气闷热，蚊虫肆虐，有人挂起了蚊帐，而男人们打着赤膊。通常一家人会被关在一处，失散的儿童则被集中关在一个大棚里。

15.《图说上中：菁英教育的缩影》编写组 . 图说上中：菁英教育的缩影 . 上海：上海教育出版社，2015. 关于龙华集中营关押的外侨人数本书采用的是上海中学校史数据。由于不同统计口径等原因，不同资料对此数据的记录略有不同，其中熊月之、周武主编的《上海：一座现代化都市的编年史》记录为 1756 人，高纲博文《日本占领下的“国际都市”上海——日本占领下上海外国人政策与外国居留民状况》一文记录为 1593 人。

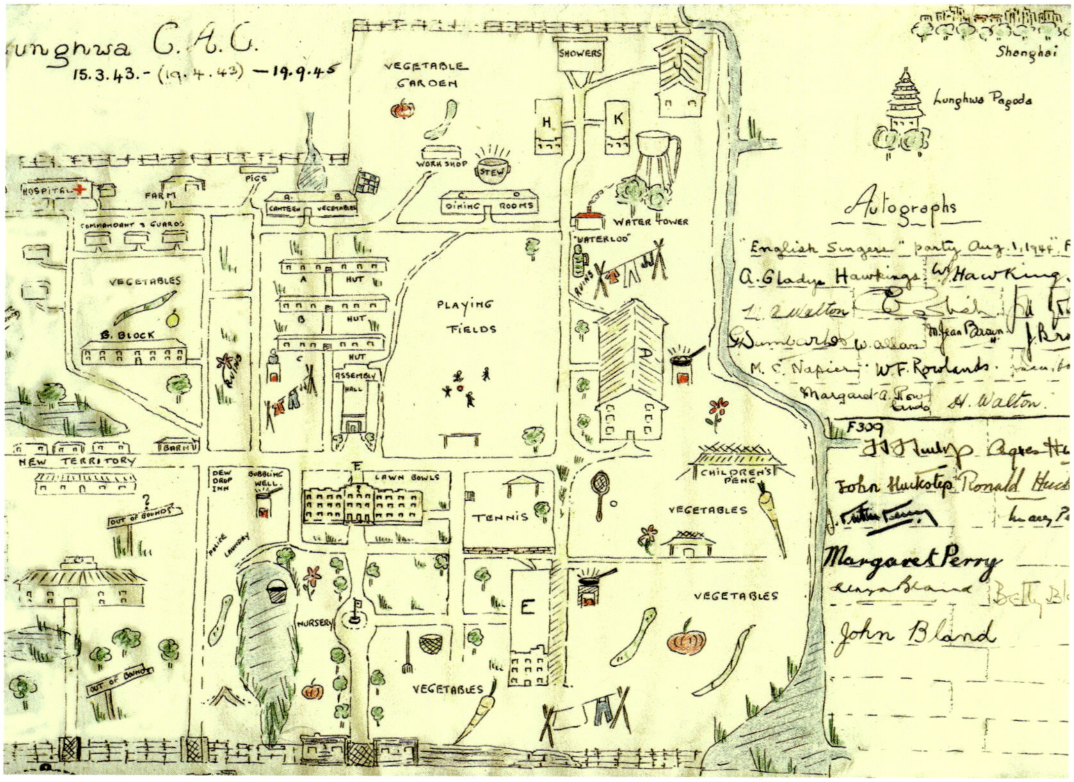

吉恩·布朗手绘的龙华集中营地图，右侧为关押在此的包括赫经士夫妇在内的英侨签名（图片来源：赫经士孙辈们 Courtesy of Hawkings' Grandchildren）

集中营内有3块分散的种植园，总面积约10亩（约6666.7平方米），由在押侨民分组种植大豆、番茄、黄瓜、西瓜、蚕豆、莴苣、洋葱等，供给整个集中营。龙门楼西南角一块地用作农场，饲养着一大一小两头牛、一群羊、一些猪和鸡，以供给需要营养的医院和儿童。尽管如此，当时集中营的食物仍然相当短缺。深水井和蓄水池遭到破坏，锅炉被日军占用。在集中营的东北角建造了两个加热站：一个用来加热从河中打来的常常带着浮萍和蝌蚪的水供洗漱，另一个则用来加热定量配给的饮用水。由于规定使用热水要用打来的冷水做交换，在早高峰时间，集中营中的男女老幼拎着水桶狂奔成为日常一景。日本兵每天早晚9点各点一次名，同时训话。据史料记载，当时有规定准许外侨在集中营举行适当的体育娱乐活动，大礼堂后的场地被清理出来用作运动场[16]。在画册中，有一张集中营的全景地图，是其中一

16.《图说上中：菁英教育的缩影》编写组．图说上中：菁英教育的缩影．上海：上海教育出版社，2015.

名外侨吉恩·布朗（Jean Brown）女士为1944年8月1日在龙门楼屋顶举行的“英国歌手派对”所绘制，画面旁边有20多名英侨的签名，为首就是赫经士夫妇。

在集中营的种种艰难中不乏外侨乐观、顽强的生活记录。戴尔德丽用画笔描绘了赫经士在龙门楼宽不足1.5米、进深不过3米的卧室：狭窄的铁床周围用布帘分隔成较为私密的空间；用各种布料缝制的大大小小的插袋中，汤匙、钢笔等小物品被归置得井井有条；置物架上摆放着书和家人的照片；虽然很多地方只能侧身挤入，但靠窗的小桌一角和碗橱顶上各放着一盆小小的绿植。这种生存的尊严令人动容。

龙华集中营里赫经士的卧室，戴尔德丽手绘（图片来源：赫经士孙辈们 Courtesy of Hawkings' Grandchildren）

Arriving at Lunghwa C.A.C.

At the whistle's blast — the morning rush.

上：抵达龙华集中营，戴尔德丽手绘（图片来源：赫经士孙辈们 Courtesy of Hawkings' Grandchildren）

下：哨子响起后的清晨早高峰冲刺，戴尔德丽手绘（图片来源：同上 ibid.）

龙华集中营里赫经士的卧室，戴尔德丽手绘（图片来源：赫经士孙辈们 Courtesy of Hawkings' Grandchildren）

上：今天的上海中学龙门楼（图片来源：华霞虹 HUA Xiahong）

下：龙华集中营的 F 楼（今上海中学龙门楼），戴尔德丽手绘（图片来源：赫经士孙辈们 Courtesy of Hawkings' Grandchildren）

'E' Block - from "F" roof.

Blocks "D", "F", Assembly Hall, Hut "C" and ruins

上：龙华集中营的 E 楼（今上海中学先棉堂），戴尔德丽手绘（图片来源：赫经士孙辈们 Courtesy of Hawkings' Grandchildren）

下：龙华集中营的 D 楼、F 楼、集中大厅和棚屋，戴尔德丽手绘（图片来源：同上 ibid.）

上：1941 年，赫经士宅，图片左侧远处的虹桥机场已被军占领（图片来源：赫经士孙辈们 Courtesy of Hawkings' Grandchildren）

中：1948 年 4 月 25 日，曾经花园的东南角遭到破坏（图片来源：同上 ibid.）

下：1948 年 4 月 25 日，曾经花园的西南角建造了房子（图片来源：同上 ibid.）

1948 年，赫经士夫妇在 THE LIMIT 客厅（图片来源：赫经士孙辈们 Courtesy of Hawkings' Grandchildren）

THE HAWKINGS' COME THROUGH SIEGE SAFELY

In the closing days of the siege of Shanghai, the Chinese Nationalist army ordered that many of suburban Hungjao's handsome homes be evacuated and burned to clear a battlefield. Indomitable Mr. and Mrs. W. J. Hawkings, both 58 and British, refused to budge (LIFE, May 30). Last week the Hawkings' were alive and their home was intact. Their determination had paid off. They lost sleep when the battle raged outside their garden, but the worst thing anybody suffered was Mrs. Hawkings' "shell-blast cold." She explained, "My husband kept all the windows open to keep the shell concussions from blowing them in."

BILLY AND GLADYS HAWKINGS ENJOY THEIR TERRACE WITH TIMMY

左：1947 年，《字林西报》题为“赫经士夫妇安然无恙度过围攻”的报道（图片来源：同上 ibid.）
右：1948 年，格莱迪丝抱着爱犬在花园的鸢尾丛中留影（图片来源：同上 ibid.）

左 / 右：1949 年，国民党军队强行在麗（丽）虹园兴建防御工事（图片来源：赫经士孙辈们 Courtesy of Hawkings' Grandchildren）

由于居所被日军征用或挪作他用，和很多侨民一样，在 1945 年 8 月 15 日日本宣布战败投降后，赫经士夫妇仍在龙华集中营里滞留了一段时间。此时的虹桥路 600 号，花园里一片狼藉，草坪、花池已经被部队营房所取代。这里曾被用作日军总部基地，甚至还建造了一座医院。原住宅的墙面、窗户几乎完全为藤蔓所覆盖，几辆重型货运卡车被遗留在屋前，原板球场上瓦砾遍地。赫经士夫妇只得在外租房暂住，直到 1948 年年底才将宅院整修停当，重新入住。1947 年 8 月，已成为一名传教士的四女儿佩吉从伦敦赴武汉履职前来上海看望父母，在与其母的露台合影中，还可以看到背后正在拆除的日军营房。

然而，战乱并没有就此结束。1949 年 5 月，国共双方在上海近郊激战，虹桥路与前线仅咫尺之遥。记者罗伯特 · 多伊尔（Robert Doyle）在《时代》（*TIME*）杂志上发表的一篇专题报道《上海火线上不屈不挠的赫经士夫妇拒绝受战争骚扰》[17] 称，当时虹桥路附近 150 余家欧美外侨纷纷弃家撤离，很多房子被烧掉以腾地作为战场。国民党军队要求赫经士夫妇搬出，但遭到了拒绝。一篇刊登在报纸《广告人》（*The Advertiser*）上的特别报道对此事有如下详细记述：时年 58 岁的格莱迪丝对准备放火烧房的国民党军官说："年轻人，我住进这房子时你还没出生呢。我在这里把我的 5 个女儿抚养成人。这是我的家，我必须留下。"一时语塞的军官只好作罢 [18]。此外，格莱迪丝还用中国话大声呵斥那些想在花园草坪上肆意砍树挖洞国民党士兵。士兵被她严厉的态度和标准的中文发音所震慑，放下了铁锹，之后在格莱迪丝的指导下择地建造了几处掩体。

17.Robert Doyle. On the Battlefront at Shanghai indomitable Mr. and Mrs Billy Hawkings refused to be bothered by war. [Times]，1949. 赫经士孙辈提供的剪报 .
18. 伦敦特别报道，Courageous Grandmother Stays on in Shanghai. The Advertiser，1949-05-17.

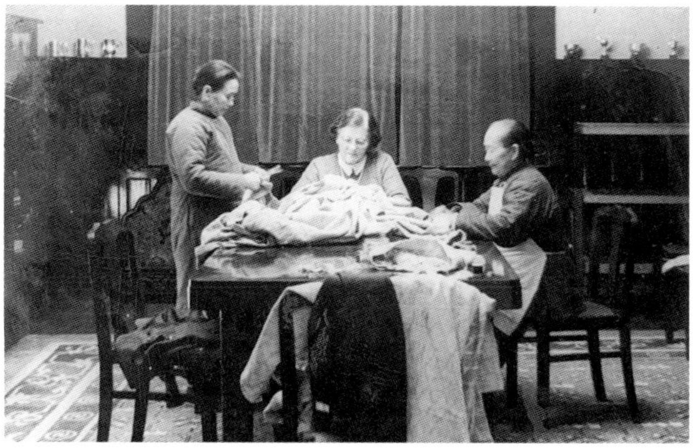

1949 年 1 月，格莱迪丝和家佣在餐厅（图片来源：赫经士孙辈们 Courtesy of Hawkings' Grandchildren）

左：1949 年 5 月，为避免流弹，赫经士夫妇将席梦思搬到底层大厅，并用麻袋等物堵住门窗（图片来源：同上 ibid.）
右：管家老吴、家佣阿妈和厨师（图片来源：同上 ibid.）

在身边不时爆发的枪林弹雨中，赫经士夫妇把席梦思从二楼卧室搬到底层大厅。席梦思一边堆着装着大米的麻袋，另一边放着一排铁皮箱用以阻挡可能的流弹。他们想好了情况进一步恶化时的藏身之地，那就是首层那间备餐室，四周是众多房间，楼上是卫生间，采用混凝土地面，全方位都有牢固的遮蔽，备餐室内的冰箱也可以起到一定的防护作用[19]。赫经士夫妇勇敢的举动吸引多家英文媒体争相报道，也自此获得数百万名读者的钦慕。

19.Robert Doyle. On the Battlefront at Shanghai indomitable Mr. and Mrs Billy Hawkings refused to be bothered by war. [Times]，1949. 赫经士孙辈提供的剪报 .

FROM DAY TO DAY

College is assuming more practical proportions in Kansas. The University of Kansas has added air line hostess training to its curriculum.—UP.

Policeman Joseph Smith, of Newton, Mass. who says he learned marksmanship by reading books on the subject, can snap a thread at 20 feet with a bullet from a .22 caliber revolver.—UP.

Because it is too poor to buy a new church bell, the village of Littry near Bayeux, France, has installed a phonograph with amplifier in the church tower. The bells of St. Peter's, Rome, will now call the villagers to Mass.—AP.

A cigar-chewing Democrat from Chicago wants Illinois to return to the old days of a spittoon in every room. State Senator Roland Libonati has introduced a bill in the legislature making it unlawful not to have cuspidors in every room of every public building. Libonati said spittoons promote public health and make his bill a public health measure.—UP.

G. P. Satterwhite, of LaGrange, Ga. who raises worms as a hobby, has grown a specimen which should interest fish. It's a little red English worm with two tails.—UP.

There may be a lack of males in most states, but latest figures show that there are 128 men in Colorado to every 100 women. Only five other states can boast more men than women.—UP.

Rats go fishing with their tails to rob castsup bottles. E. F. Owens, city sanitarian, urged people to keep their catsup caps on, saying "Rats have a unique way of getting catsup from a bottle by inserting their tails in the bottle and then licking their tails."—AP.

The many friends of Mr. W. J. Hawkings will be happy to learn that he is safe at his home in Hungjao Road. Dr. George B. Fryer of the Institution for the Blind on Hungjao Road was also reported yesterday to be quite safe.

Archie Brown, an illiterate of Pasco, Wash., who was convicted

左：1949 年 5 月 26 日，《字林西报》“日复一日”专栏相关报道（图片来源：赫经士孙辈们 Courtesy of Hawkings' Grandchildren）
右：1950 年 7 月 30 日，在 THE LIMIT 为格莱迪丝举办 60 岁生日宴会和板球比赛（图片来源：同上 ibid.）

1949 年 5 月 27 日，上海解放。在 5 月 26 日《字林西报》“日复一日”专栏中记录了当时外侨的状况，其中提及“赫经士的朋友们将很高兴知道他在虹桥路自己家中安然无恙”。在珍藏至今的历史照片中还能看到那时赫经士到外滩拍摄的庆祝解放的人群影像。根据赫经士外孙约翰的回忆，1950 年 7 月 30 日，赫经士夫妇在虹桥路 600 号举办了一个盛大的派对和一场板球比赛，以庆祝格莱迪丝的 60 岁生日。1951 年 7 月 19 日，赫经士夫妇离开上海，前往其他国家去看望自己的女儿们。1952 年底，夫妇俩从香港到达新西兰凯利凯利，定居在李德立住宅[20]。1960 年，格莱迪丝去世，与其父母葬于同一墓园。1965 年 6 月 19 日，赫经士在印度大吉岭（Darjeeling）去世，享年 82 岁。

---

20. 这座房子在 1947 年李德立夫人卡罗琳去世后已经出租了 5 年。

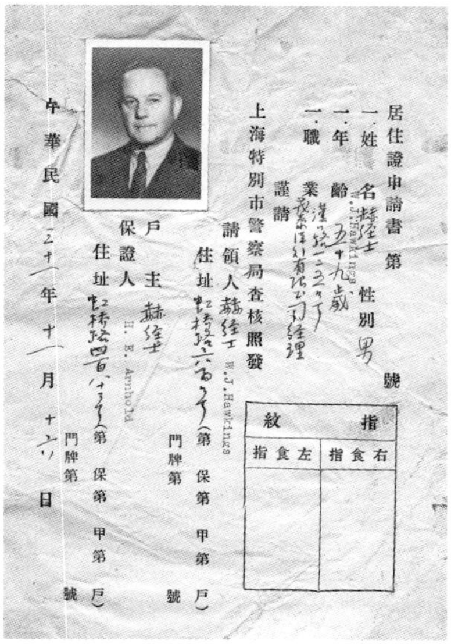

居住證申請書第　號

一.姓名 赫经士 W.J.Hawkings　性別 男

一.年齡 五十九歲

一.職業 漢口路一二五号 茂泰洋行有限公司經理

謹請

上海特別市警察局查核照發

請領人 赫经士 W.J.Hawkings

住址　（第　保第　甲第　戶）門牌第　號

戶主 赫经士

保證人 H. E. Arnhold

住址　（第　保第　甲第　戶）門牌第　號

中華民國三十一年十一月十六日

指紋	
右食指	左食指

上：1949 年，赫经士夫妇在南面花园遛狗（图片来源：赫经士孙辈们 Courtesy of Hawkings' Grandchildren）

左下：1942 年 11 月 16 日，赫经士居住证申请书（图片来源：同上 ibid.）

右下：1948 年，宅前的格莱迪丝和茂泰公司货运车（图片来源：同上 ibid.）

在 1942 年 11 月 16 日的一份上海居住证申请书上，记录赫经士的职业为英商茂泰洋行有限公司经理，办公地址在汉口路 125 号。抗日战争结束后，茂泰洋行改名为“英商茂泰企业股份有限公司”继续经营，赫经士依旧担任总经理，当时公司业务已拓展至航运。1955 年，英商茂泰企业股份有限公司作为最后一家被纳入国家行业改组改造范围的外商汽车货运企业，其汽车货运部分并入国营汽车货运企业，其仓储部分并入国营商业储运企业。

1952—2003

繁忙跑道旁的“老庙”

‘Old Temple’ beside the Busy Runway

1983 年，赫经士后人乘坐一辆蓝色的上海牌轿车回访故地（图片来源：赫经士孙辈们 Courtesy of Hawkings' Grandchildren）

左：1949 年 11 月 9 日，两航起义的飞机（图片来源：上海虹桥国际机场公司 Shanghai Hongqiao International Airport Company）
右：1949 年 11 月 9 日，两航起义前飞行员的合影（图片来源：同上 ibid.）

1949 年 5 月 27 日，上海市军事管制委员会空军部（后改名为“华东军区航空处”）接管龙华机场以及“两航”[21] 和民用航空局留在上海的人员与资产，其中包括虹桥机场。同年 11 月 9 日，“两航”2000 多名员工起义，驾驶 12 架飞机回归祖国。他们从香港赤蜡角机场出发，途经广州白云机场和上海虹桥机场，成功抵达北京和天津——毛泽东主席称之为“一个有重大意义的爱国举动”，周恩来总理称之为“具有无限前途的中国人民民航事业的起点”。

经历多年的战争洗劫，当时的虹桥机场设施损坏严重，仅剩 2 条平行碎石跑道、3 条滑行道、7 条推机道和破损的机场大门。之后，中国人民解放军将之改建为军用机场，机场面积为 2800 亩（约 187.6 公顷）。1950 年 4 月，中共中央华东局决定重建虹桥机场，工程分三期进行，同年 5 月动工，翌年 5 月完工。

21. 指原属国民党政府的中国航空股份有限公司和中央航空运输股份有限公司。

新中国成立后，虹桥机场的初建（图片来源：上海虹桥国际机场公司 Shanghai Hongqiao International Airport Company）

上：1965 年 9 月，正式启用虹桥机场候机楼（图片来源：上海虹桥国际机场公司 Shanghai Hongqiao International Airport Company）
下：20 世纪 80 年代，行驶在 101 专列曾经使用的虹桥机场专线轨道上的火车（图片来源：同上 ibid.）

1950 年 5 月，时任上海市长的陈毅和副市长潘汉年下批文，批准修建 1 条从沪杭线铁路通向虹桥机场的铁路专线——“617”——供机场油库专用（当时，空军在虹桥机场安装了 7 个容量 100 吨的立式油罐）。在上海铁路局的大力支持下，1 条 5 公里长的铁路从徐家汇车站经吴中路直铺进入虹桥机场。这条特殊的铁路专线不归属铁路局，而是由民航局直接管理，并因曾供毛泽东主席 101 专列使用而平添不少传奇色彩。直至今日，这条铁路还被人们亲切地称为“101 专线”。2001 年，从原专线终点向西延长的轨道从机场大礼堂[22]和虹桥路 600 号宅院之间斜穿而过，直至 THE LIMIT 西侧的机场跑道边。

22. 虹桥机场大礼堂原为“海空第一师礼堂”，根据现存史料推测，其建设年代为 1950 年左右，现代主义风格，外墙为清水红砖与抹灰饰面相结合，主体部分为弧形缓坡屋面。礼堂大厅为 33 米 ×19.5 米的大跨空间。屋架采用木桁架，呈现出极具特征的三角形单元组合效果，是上海地区迄今为止发现的孤例。

1965 年，上海虹桥机场的指挥调度员正在塔台上工作（图片来源：上海虹桥国际机场公司 Shanghai Hongqiao International Airport Company）

1963 年 3 月，中国和巴基斯坦两国政府达成通航协议，计划次年 5 月通航上海。为确保按时通航，同年 8 月 7 日，周恩来总理亲临上海视察龙华、江湾、大场和虹桥 4 个机场，最后认定扩建周边用地最宽裕的虹桥机场为国际机场更为合适。11 月 2 日，国务院批准扩建虹桥机场为军民合用国际机场（占地 6500 亩，约 435.5 公顷）。工程历时 6 个半月，主要包括改建混凝土跑道、设置跑道主次降落方向的导航台及全向信标台，以及新建 6 层高的航管楼和候机楼、指挥塔台各 1 栋（座）。

据中国民用航空华东地区管理局（后简称“华东空管局”）退休员工陈尚贵回忆，虹桥机场扩建工程开始后，“原在此驻扎的‘空二师’立即转场，大批施工部队，包括一个工程兵师和上海市民航和南空等专业施工人员陆续进场，昼夜施工奋战，以迎接 4 月份的试航”。1963 年底，即距离中巴通航时间点不足半年时，陈尚贵“被调任为虹桥航站首任通讯导航队长，参与通讯导航建设，迎接全国四面八方来支援虹桥的通讯导航技术人员和首航。在首航前，所有通信导航设置都必须开通并正常工作。除了设置在机场内的设施外，

上：1964 年 4 月 29 日，虹桥国际机场开通上海解放后的第一条国际航线——上海至达卡（图片来源：上海虹桥国际机场公司 Shanghai Hongqiao International Airport Company）

下：1972 年 2 月 26 日，尼克松乘中国伊尔 -18 型 216 号专机抵虹桥机场（图片来源：同上 ibid.）

上：1973 年 8 月 23 日，民航总局订购十驾波音 707 型飞机，第一驾飞机首降上海虹桥机场（图片来源：上海虹桥国际机场公司 Shanghai Hongqiao International Airport Company）
下：1981 年 1 月，中国民航开辟北京—上海—旧金山—纽约国际航线（图片来源：同上 ibid.）

还需要完成分别建于上海（当时的辖域称谓）、嘉定、青浦、松江、南汇，以及横沙岛和无锡等外场的设施安装和调配，任务十分艰巨”。1964 年 4 月 29 日，虹桥国际机场开通新中国成立后的第一条国际航线——上海至巴基斯坦的达卡（现孟加拉国首都）。随着巴黎、亚的斯亚贝巴、苏黎世，以及美国、日本航线的陆续开通，虹桥机场成为中国通往世界的重要桥梁和窗口。

在机场扩建时期，虹桥路 600 号“由施工指挥部安排使用”。陈尚贵回忆：“那个地方的东侧是大庙式的古建筑，西侧是两层小洋楼，院门正面向北，京式（北方官式）门楼配两扇大红色木门扇。依北围墙还建有十几间小房，不知道什么时间建的，估计是存放杂物或以前家佣使用的。院内西北角建有停车库，用料甚佳。当时围墙外的花园旧址仍可见，南北长约两百米，有一条河浜，东西宽不足百米。园内仍残留不少名贵花木以及竹子、葡萄架和草坪等。”

1970 年后，原在龙华机场办公的中国民用航空上海管理局迁至虹桥机场，由于当时两栋老宅已无单位使用，就分配给其下属的电信设备修配工程部，空间主要用于通讯导航设备的修造和安装：西楼主要用作行政办公和无线电车间，东楼是设备精加工车间，里面设置有车床。在陈尚贵的记忆中，1998 年国有企业市场化体制改革后成立了华东管理局航空管理中心，电信设备维修工程部虽划归航空管理中心，但仍在此办公。直至中国民用航空华东地区管理局成立，电信设备维修工程部转为航空管理设施施工队，划归通信总站，才搬出虹桥路 600 号，而老宅及其所在的大院改由“空管局三产”部门使用。其间，老宅曾进行小修小补和灭杀白蚁，但内部结构未作大动。对于院内曾经的名贵花木，陈尚贵抱憾地说：“当年搞‘爱国卫生运动’，因院内杂草难以除尽，不知什么人的主意，运来‘化学土’铺进院子，结果一经下雨，化学毒水流入地下，名贵花木连同杂草一起都被毒死了，只留下一棵银杏树。因银杏树每年产果甚丰，引来不少人采白果。”

同为华东空管局退休员工的吴桂华是 1966 年来虹桥机场工作的，最初在航管楼通信部门工作。据她回忆，中午休息时，她时常会和其他员工结伴到虹桥路 600 号的南部花园玩，一是觉得这座像古庙一样的老房子很漂亮，二是这里地方大，人少，野草多，还能采挖一些马兰头。院子外面原有一条小河，里面还能捞到鱼虾。后来小河被填成了道路，那是大家义务劳动的成果。在她的印象中，两栋小楼之间还有一些其他房子，门楼两侧的辅房不像主楼那样安装了玻璃窗，而是采用了叠瓦的窗洞。除了那棵银杏树外，院子里还种着两棵很大的松柏和两株桂花树。西侧小楼 边有一个中式月洞门，花园南面走到底有一片小竹林，春天可以挖竹笋。竹林边上当时还有一个“机窝”（飞机停机库）。因为花园很大，当时还有机场员工在花园里种菜，据说是上交食堂用以改善伙食的。

20 世纪 80 年代初，吴桂华因工作调动（担任华东空管局通讯导航工程公司的会计）搬到虹桥路 600 号的西楼办公，直到 1995 年 3 月退休。据她回忆，当时这栋小洋楼里的办公人员有三四十名，一楼主要是通讯科、导航科和小仓库，二楼则有经理、书记办公室，财务室，会议室等。吴桂华对西楼的建筑质量和设备设施赞叹有加：老房子的布局和结构都很讲究，入口有衣帽间。很多房间都配备有独立的卫生间，里面有马桶、搪瓷浴缸和洗脸盆，地面铺砌红色马赛克，木质门窗，拱形门洞。东楼主要是航空通信设备的电器修理部，其中东面房间是精加工车间，中间的大房间用于大件仪器的修理。

1986 年，吴桂华办公的地方——西楼二层房间内部（图片来源：吴桂华 WU Guihua）

1983 年，重返中国的姊妹俩与友人合影。中间着红衣、红袜者为多萝西，着浅蓝色连衣裙者为佩吉（图片来源：赫经士孙辈们 Courtesy of Hawkings’ Grandchildren）

1983 年，多萝西回访时在老宅拍摄的照片（图片来源：赫经士孙辈们 Courtesy of Hawkings' Grandchildren）

赫经士孙辈提供的“1983 年，多萝西和佩吉重访旧宅”的信息得到吴桂华的证实。她记得当时来了好几个人，由华东空管局一名处长陪同。据“外国老太”说，找了很久才找到这里，因为（祖辈）喜欢中国建筑，才建造了中式的东楼；以前，这处宅院在虹桥机场以外，离机场老大门（即 20 世纪 90 年代以前机场邮电所所在地）有一百多米的距离。“外国老太”和部分在老宅办公的员工合影留念，吴桂华抱着孩子也在其中[23]。令她印象深刻的一件事是，一名“外国老太”捡了老宅壁炉上一块有点破碎的瓷砖，在征得同意后说是要带回家留做纪念。

23. 在赫经士孙辈保存的历史影像资料中，未找到该照片。

1983 年，多萝西回访老宅留影（图片来源：赫经士孙辈们 Courtesy of Hawkings’ Grandchildren）

1983 年，多萝西在老宅花园里（图片来源：赫经士孙辈们 Courtesy of Hawkings' Grandchildren）

1983 年，被时人称为“老庙”的李德立宅（图片来源：赫经士孙辈们 Courtesy of Hawkings’ Grandchildren）

在赫经士孙辈保存至今的历史照片中，能清晰看到当年多萝西一行拍摄到的已经纳入虹桥机场范围的麗（丽）虹园和 THE LIMIT 两栋老宅。虽然因为缺少细心维护，外墙砖瓦有所破损，东楼屋顶上杂草蔓延，但总体来说，两栋老房子的主体结构和外观均没有遭到太大的破坏，而门楼、辅房乃至月洞门等也悉数都在。当初花园里栽种的树木生长得极其旺盛，有些树上还挂着累累硕果，而空地上的荒草也有半人之高。昔日风华正茂的小姑娘而今已成白发老妪，把“中国红”当作幸运色的多萝西身着红裙在老宅前留影[24]。

事实上，在近半个世纪的日子里，老宅[25]的历史并不为太多人知晓。由于东楼古色古香的独特造型堪比中式的庙堂，因此无论是 20 世纪六七十年代从龙华机场搬来的航空兵，还是后来虹桥机场的工作人员，均习惯性地称之为“老庙”。与之相应，西楼有时也被人称为“小庙”，当然这个名字远不如“老庙”那样广为人知。从 1948 年之后的航拍图可以看出，虽然虹桥机场经历多次改造，机场建筑规模日渐扩大，跑道也越来越繁忙，但两栋老宅及其前面大片花园的空间格局数十年基本保持完整，直到 20 世纪八九十年代虹桥机场快速扩建时才发生了显著改变。那时，在虹桥路 600 号的场地东侧修建了空港六路，南侧建造了东方航空公司的大型仓库。为保持空间使用的完整性，当时使用两栋老宅的民航上海管理局通讯导航工程公司设备安装工程队在南侧砌筑了围墙。曾经的花园里虽然盖起了楼房并开辟了停车场，但从楼宇的朝向和地块的边界上还可以依稀分辨出当年的轮廓。

24. 除了上海，此次两姐妹在中国导游的陪同下还到庐山等地探访，并留下了她们在各地参观、与朋友欢聚的珍贵影像。

25. 老宅曾经被修缮（据称花费数十万元）；但是，对于《上海城建档案》2019 年第 2 期（总第 43 期）虹桥路专辑中（第 33、34 页）和部分华东空管局退休员工提及的原住宅“家人曾留下修缮金”一事，并未获得进一步证实，包括在 2020 年同济大学研究团队和约翰的交流中也未提及。

2004—2018

空港内发现建筑遗产

Heritage Buildings in the Airport

2020 年 6 月，东楼屋顶的烟囱和屋脊（图片来源：华霞虹 HUA Xiahong）

1948 年

1979 年

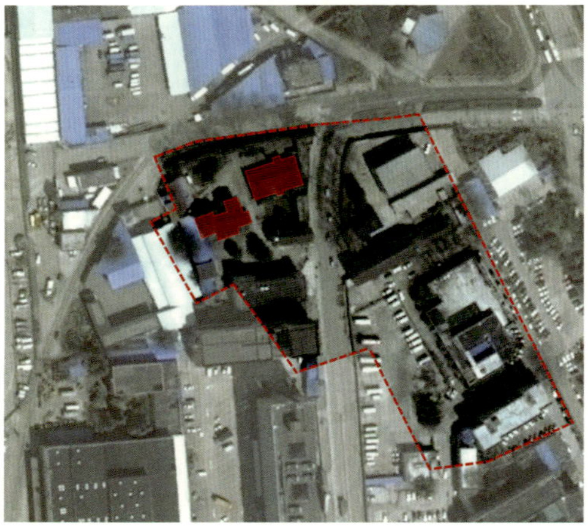

2019 年

麗（丽）虹园周边城市空间历史变迁示意图

[底图来源：https://www.tianditu.gov.cn/ 天地图沪 S（2018）091 号 - 甲测资字 3100232（1948/1979/2019）]

2000 年以后，随着市场经济的持续发展和虹桥机场的多次加建和扩建，曾经的虹桥路 600 号（20 世纪 90 年代，门牌号改为“空港六路 1 号”，亦称“迎宾三路 298 号”）素来的宁静被打破。从 2002 年的卫星地图上可以看到，小院楼栋之间的空地上停满了汽车。从当时现场拍摄的照片上可以看到，门楼中两个爱奥尼壁柱之间的门道已被封堵，开出了汽配商店和小卖部。对城市历史颇有情怀的一些人开始忧虑和警觉：如此的商业操作可能会对这处独特的历史建筑造成无可挽回的破坏。

上：1988 年 12 月 30 日，虹桥机场候机楼扩建工程开工（图片来源：上海虹桥国际机场公司 Shanghai Hongqiao International Airport Company）
下：1990 年，虹桥机场迎宾一路大门悬挂横幅，祝贺北京亚运会召开（图片来源：同上 ibid.）

左上：2004 年 9 月，**现场踏勘记录：老庙北面入口**（图片来源：李孔三，陈平 LI Kongsan, CHEN Ping）
左下：2004 年 9 月，**现场踏勘记录：老庙西北角**（图片来源：同上 ibid.）
右：2004 年 9 月，**现场踏勘记录：老庙屋脊和灰塑**（图片来源：同上 ibid.）

2004 年 9 月中下旬，《新闻晚报》连续发表了两篇报道呼吁保护虹桥机场的这处老宅：9 月 19 日第一篇报道《古色古香老房该不该保护？》针对老宅的破墙开店紧急呼吁长宁区有关部门前来做房屋勘察，建议列入文物保护范畴。次日，上海市文物管理委员会地面文物管理处李孔三和陈平等专家和长宁区文物保护管理人员一起到现场踏勘，记录如下：“虹桥机场老房子，空港六路、迎宾三路交叉口，正门开在迎宾三路上（面向北）。现为华东空管局办公用房，大院面积 6241 平方米，主体建筑建筑面积 305 平方米。单檐歇山厅堂式主体建筑，位居东，院中一棵老银杏树。西边两栋两层 T 字形西式楼房，年代晚于主体房屋。大门重檐歇山式，北面及西面环以廊坊，疑为马厩。东北角设重檐角楼。西南角有圆形拱门，年代较晚。主体建筑外墙灰红砖青水墙。小灰瓦顶。正脊及戗脊皆为砖雕，上刻神仙、寿星、文吏、仙姑等人物。西式门窗。中式装饰。屋内五个壁炉与屋顶五个烟囱相通，烟囱上有灰砖雕刻顶脊。平面∏形，月台宽阔，台前有水泥栏杆与阶梯。北面正中辟双开门，门上

热线现场

A14

24小时热线

63510000

手机报线索

13301951111

乡绅所建跑马场休息室?

文物专家:这所老房子该保护

追踪报道

乡绅的老房子?

跑马场的休息室?

老房子动新脑筋

宣传交通文明

左上：2004 年 9 月，现场踏勘记录：门楼下开出沿街商铺（图片来源：李孔三 LI Kongsan）

左下：2004 年 9 月，李孔三、陈平等在现场踏勘（图片来源：同上 ibid.）

右上：2004 年 9 月 21 日，《新闻晚报》的报道（图片来源：同上 ibid.）

铺首与门簪疑似原物，入内为玄关更衣处，有护墙板与衣钩。水泥地面红褐与灰黄色几何图形。东间壁炉系原物。”他们认为，这里“有可能是机场最早的建筑”，并认定西楼是“1937年以后由日本人所建”[26]。9月21日，《新闻晚报》跟踪报道，明确刊登了文物专家的意见——“这所老房子该保护”。由于勘查中，在老宅内发现数个两米多长的石头马槽，还有一些拴马的设施[27]，考虑宅院又地处远郊，该报道以“乡绅所建跑马场休息室？”为主标题，对其历史来源和功用进行了大胆揣测。

26. 由于受当时条件所限，专家调研时仅有华东空管局使用单位办公人员的零散口述，缺乏确切原始资料的佐证和更多求证途径，又受到西楼朴素的建筑风格以及抗日战争期间虹桥机场曾被日军侵占史实的影响，所以才得出此误判。之后，因为缺乏更深入的史实研究和探寻契机，关于老宅的所有文字记述都延续了这个误判。直至 2020 年下半年，由华霞虹带领的学术研究团队通过查阅英文报刊上的百余篇相关报道以及与赫经士孙辈建立联系后的多方历史资料核实，才正式确定原虹桥路 600 号的中式东楼为李德立故居，西楼为赫经士故居。

27. 在确立该建筑的历史保护价值后，石头马槽等物已被文管局收藏。

2003 年前后的门楼内侧（图片来源：张长根 . 上海优秀历史建筑 · 长宁篇 . 上海：上海三联书店，2002. ZHANG Changgen, The Best Historic Buildings in Shanghai · Changning District. Shanghai Joint Publishing Company, 2002.）

2005 年 10 月，“上海市第四批优秀历史保护建筑”正式公布，其中长宁区有四十七处，昔日的“虹桥路 600 号”以“空港六路 1 号花园住宅”之名也名列其中。2007 年，由张长根主编、上海三联书店出版社出版的《上海优秀历史建筑（长宁篇）》第二辑中展示了这处老宅在“优秀历史保护建筑”名义下首次被修缮前后的照片。最明显的不同之处是，修缮后的东楼屋脊、龙首鸱尾以及台基栏杆上的宝瓶均被饰以明黄色。

作为《乡绅所建跑马场休息室？》一文的主要被访人，也是首次修缮工程的业主负责人——当年担任华东地区空中交通管理局经济发展有限公司总经理的吕怀瑜回忆，那时两栋老宅的对外正式名称为“南苑阁”，2003—2009 年间由华东空管局经济发展公司托管。当时这里所有空间，包括主楼、辅房等都已出租，聚集了十几家商业公司，其中包括一家货运公司。时任经济发展公司法人代表的他因为珍惜这处风格独特、古色古香的老房子，恐因木结构失火而尽失，曾致电向长宁区文物管理局报告，并在专家确定其历史保护价值后，很快清空了所有的租户。为了万无一失，他安排了三人留守，二十四小时值班，以防火、防盗。更重要的是，因顾及房屋年久失修，多处漏水，局部还有坍塌，吕怀瑜从苏州请来专业施工队，花费数十万元以“修旧如旧”为原则进行了维修。能为保护上海历史建筑尽一份力，吕怀瑜深感欣慰。

从华东空管局离退休人员管理部的工作人员徐亚辰提供的2009年其在老宅前的留影看，大银杏树下，院内满铺草坪，杂物和汽车已经不见踪影，东楼的砖墙和瓦屋面也都被整饬一新，原青砖表面刷青红两色涂料，白水泥勾缝，形成仿清水砖墙的效果。据称，2009 年以后，东楼西北角房间和西楼一楼西南端房间曾短暂用作空管局退休职工的书画室，西楼二楼还曾用作劳模工作室，但总体而言，曾经的喧嚣终于平息下来了。

左上：2006 年整修以后的李德立宅正面外观（图片来源：张长根．上海优秀历史建筑·长宁篇．上海：上海三联书店，2002. ZHANG Changgen, The Best Historic Buildings in Shanghai · Changning District. Shanghai: Joint Publishing Company, 2002.）

左下：2006 年整修以后的李德立宅屋顶（图片来源：同上 ibid.）

右：2006 年整修以后的李德立宅西南角（图片来源：同上 ibid.）

2015 年，“凌霄波道”电声乐队在西楼一层大房间排练。从左到右：原华东空管局团委书记周彦，乐队前吉他手李宇，乐队前吉他手殷大为，乐队鼓手贡正，乐队前键盘手王昊，乐队主唱兼吉他手林浩然。（图片来源：“凌霄波道”电声乐队 Courtesy of “SKY WAVE”）

再次打破老宅宁静的是一群在机场工作的年轻音乐人，确切地说是一支电声乐队——“凌霄波道”。听起来，这个名字既酷炫，又带有鲜明“航空”的烙印。乐队创始人——徐立解释说，这样取名是因为最初的电声乐队成员由“管制人员”，即拿着话筒直接在波道里指挥飞机的空中交通管制员组成。1985 年 10 月，徐立从部队转业到中国民用航空华东地区管理局工作。他被分配到通信雷达站上班，即今天虹桥机场二跑道位置，每天骑车上班都要经过“老庙”，他对此处的看法是：“中式外观和欧式装饰风格，如内厅的壁炉、吊灯、护墙板，厕所地面铺的马赛克，墙面的瓷砖、开关，还有水龙头等，都充满了西式韵味，和我家原来住的属于历史文化风貌区的房子非常相似，感觉特别亲切。我为在虹桥这么偏僻的地方有这么好的建筑而惊喜。”

2005 年 8 月，徐立组建民航华东空管局终端管制中心“凌霄波道”电声乐队。4 年后，该电声乐队与技术保障中心的小型乐队合并组建华东空管局上海地区的电声乐队，名称沿用“凌霄波道”。乐队壮大，高峰时有 10 人。

据现任乐队负责人贡正（2010 年入职华东空管局技术保障中心后加入乐队）回忆，乐队最初主要在徐立家活动，后与华东空管局工会沟通协商，以“民航华东空管局上海地区音乐协会”的名义将乐队的日常排练安排在“老庙”进行，正式搬入是在2011年年底。他们选择西楼一楼中间的大房间作为排练室，大扫除后做了简单布置，除必备的乐器、谱架、音响设备外，北墙中央悬挂着定制的有“民航华东空管局上海地区音乐协会”字样的蓝色圆盘，一个专属的排练和小型演出空间确立下来。由于机场是倒班工作，乐队每周一至两次的集体排练主要是利用午休或周末时间；有演出任务时，则会请假排练，增加到每周三至四次。“老庙”承载了乐队的成长和喜悦。每年空管局的春晚节目以及参加全国民航比赛的音乐作品均在此产生，节日聚会和乐队成员的生日聚会也都在此举办。院内吹拉弹唱，欢歌笑语。

2013—2015年是乐队的最活跃时期。因为是木地板、木梁的老房子，排练时偶尔有老鼠突然窜出，把所有乐手吓一大跳，戛然而止的乐声之后是一阵哄堂大笑。乐队成员时不时会用相机或手机记录下欢乐的瞬间：穿着牛仔裤、拨弄着乐器或嬉闹着的年轻人与斑驳的老砖墙、旧地板形成了有趣的对比。直到2019年春末夏初，在接到决定修复“老庙”的通知后，“凌霄波道”电声乐队搬离。

右：2014年，在西楼南侧露台上小憩的“凌霄波道”电声乐队成员。从左到右：乐队鼓手贡正，乐队前吉他手殷大卫，乐队前吉他手李宇。林浩然拍摄（图片来源：“凌霄波道”电声乐队 Courtesy of “SKY WAVE”）

左上：2015年，在门楼前小憩的“凌霄波道”电声乐队成员 。从左到右：乐队前吉他手殷大为、李宇。林浩然拍摄（图片来源：同上 ibid.）

左下：“纪念抗日战争胜利70周年华东民航好声音”获奖者合影，中间为徐立，林浩然拍摄（图片来源：同上 ibid.）

2019—2021

机场百年庆新生

100th Anniversary, the Rebirth

2021 年，修复中的东楼大厅（图片来源：华霞虹 HUA Xiahong）

中式木结构门楼，木卷棚和围墙壁柱上的爱奥尼柱头卷饰（图片来源：华霞虹 HUA Xiahong）

空港六路尽头掩映在高大梧桐树背后的“神秘区域”（图片来源：华霞虹 HUA Xiahong）

对于每一名顺着空旷的空港一路向南步行来踏勘“老庙”的建筑师来说，第一次面对空港六路 1 号花园住宅的瞬间感受都只能用“难以置信”来形容。二三十米宽的马路尽头，掩映在高大的梧桐树绿荫中，居然有这样一处仿佛穿越历史的隐秘宅院：有重檐门楼的围墙，屋顶上灵动的翘角飞檐，穿出屋面的多个红砖烟囱……走近围墙，门楼的木梁、木椽、檐瓦、滴水古色古香，木雕斜撑上是传统的腾云金龙纹样，而门楼两侧的壁柱则采用了类爱奥尼柱式的涡卷柱头……

上 / 下：独特、兼容中西风格的东楼（图片来源：华建集团历史建筑保护设计院 Arcplus Historical Building Preservation Design Institute）

出檐深远、外墙朴素无装饰的西楼（图片来源：华建集团历史建筑保护设计院 Arcplus Historical Building Preservation Design Institute）

2019 年年初，为迎接两年后虹桥机场的百年诞辰，上海机场（集团）有限公司决定在一号航站楼附近启动“虹桥源”（即“虹桥机场最早建成区域”）项目的建设，内容包括空港六路 1 号花园住宅历史建筑的保护性修缮、虹桥机场大礼堂的更新改造，以及虹桥机场文化中心绿地建设等，打造虹桥机场的文化服务中心。

同年 4 月，工程中标的华东建筑设计研究院有限公司历史建筑保护设计院项目团队（以下称“设计团队”）首次进入空港六路 1 号花园住宅，面对风格迥异的两栋老宅。踏勘记录如下：

西楼总体现代、简洁，没有任何符号装饰。清水青砖墙支撑出檐达 1.2 米的双坡悬山屋顶，上盖小青瓦和传统回纹脊，但无举折。坡屋面及封檐板平直、素洁。屋顶部有西式砖砌烟囱。墙面开窗南侧普遍较大，北侧多为较小的高窗。部分门窗上设平缓砖券。根据其素朴的形式和显著的屋顶出檐，初步判断是座带有日本近代建筑风格的建筑。

东楼屋顶脊饰、烟囱、鸱吻和垂脊端头灰塑（图片来源：华霞虹 HUA Xiahong）

东楼为“凹”字形平面的单层住宅，坐落在近 1 米高的基台上。青砖墙体，局部红色涂装，仿清水红砖，上覆中式歇山大屋顶，戗角起翘。东楼大屋顶几乎与墙身同高，形态变化多样，装饰丰富。屋顶用材虽传统（木檩条、木椽、望砖、小青瓦），但木屋架却是西式的三角形屋架。屋脊分段设雕饰，两端设鸱吻，垂脊端头设人物雕塑。屋顶上 6 个砖砌烟囱同样采用歇山式顶盖。屋面东西两侧各有一处老虎窗，西式构造，但屋顶同样是中式的。

上 / 下：赫经士外孙约翰和外孙女詹妮弗提供的赫经士宅水彩画和李德立宅的上色照片（图片来源：赫经士孙辈们 Courtesy of Hawkings' Grandchildren）

建筑保护性修缮的重要准备工作之一是对其历史资料的收集和确认。虽然空港六路 1 号花园住宅早在 2005 年就被列入上海市第四批优秀历史建筑保护名录，但确定两栋房子主人和建造年份的过程可谓“一波三折”。由于缺乏专门的史实研究和详实的史料记录，2020 年前公开的相关信息均存在错误，例如根据《上海市优秀历史建筑保护技术规定》，“东楼建于 1910 年，西楼建于 1937 年后”，在不明来源的网络资料中获悉其屋主名“霍更斯”（即赫经士）—— 一位长居北京的外交官，等等。

在未能匹配到外交官“霍更斯”的更多信息后，该工程的项目负责人、建筑师罗超君转向《建筑月刊》和《中国建筑》两本近代建筑专业杂志以及《中国行名簿》（*China Hong List*）进行寻找。在大海捞针般的查阅后，她发现了近代上海虹桥路最大的门牌号——“虹桥路 600 号”。

循着这条线索，罗超君欣喜地在《字林西报》（*The North-China Daily News*）上找到了宅主人的英文名“Hawkings”（音译“霍更斯”）。通过对赫经士撰写的文章以及关于他和虹桥路 600 号的相关新闻的梳理，整理出以下信息：这处老宅的建设年代大约是 1924 年，离虹桥机场不足 200 码（约 182.8 米）；老宅在历史上曾有个名称“THE LIMIT”；这家人直至 1949 年 5 月底还在此居住。

左：1933 年，赫经士宅花园的航拍照（图片来源：近代英文报刊，具体出处不详）
右：与东楼风格相似的时任上海市市长吴铁城之宅，董大酉设计（后拆除）（图片来源：《建筑月刊》第二卷第二期 *The Builder*. Vol 2 No.2）

左：英国电视四台播出的《被英国遗忘的军队：中国劳工军团》纪录片海报，中国劳工群像图片由赫经士拍摄（图片来源：https://movie.douban.com/photos/photo/2504795966/）
中：2018 年 11 月 6 日，约翰提供赫经士 1917 年拍摄的中国劳工幻灯片在伦敦唐人街举办展览（图片来源：赫经士孙辈们 Courtesy of Hawkings' Grandchildren）
右：2018 年 11 月 6 日，约翰与中国大使馆人员在伦敦唐人街合影（图片来源：同上 ibid.）

在确认以上信息真实性的过程中，更多史料被挖掘出来：赫经士曾在第一次世界大战期间在英国招募的“中国劳工军团”任少尉，1917—1918 年带领中国劳工在法国服役，1920 年返回中国，先后在多家洋行任职经理，从事商贸活动。2017 年 11 月，英国电视四台在“密码历史”栏目中播放了知名华裔导演执导的纪录片《被英国遗忘的军队：中国劳工军团》，赫经士在法国战场上拍摄的照片为之提供了生动、翔实的史料支撑[28]。2018 年 11 月，名为“约翰 · 德 · 路西”的赫经士外孙捐赠其外祖父拍摄的中国劳工幻灯片在伦敦唐人街举办展览[29]。尘封在老宅中的历史渐渐浮出水面。

28. 中国劳工在第一次世界大战期间的历史曾被长期埋没，鲜为人知。当时，约有十四万中国劳工离乡背井，被英、法两国招募到前线参与协约国作战，出生入死，很多人客死他乡。这段史实自 2017 年始陆续被曝光，直到 2018 年——第一次世界大战结束一百周年纪念之时，英国、法国、比利时、加拿大等国才首次认可中国劳工的贡献，并组织筹建中国劳工纪念馆、纪念碑等。
29. 约翰在 2017 年 8 月曾将幻灯片素材集结成《中国劳工团队》（The Chinese Labour Corps）摄影集，以英、中、法三国语言出版，相关视频可见：http://ensuringweremember.org.uk/?p=2620

2020 年 6 月，同济大学建筑系华霞虹教授接受上海虹桥国际机场有限责任公司和华建集团历史建筑保护设计院的委托，带领团队开展对老宅更深入的历史研究。通过搜索全国报刊数据库，研究团队获得并确认了赫经士的岳父——李德立的相关历史信息。通过社交网络平台，研究团队找到赫经士家族后人的网上账户，发送联系请求。在多日的等待之后，得到其后人之一瑙米 · 贝克（Naomi Barker）的回复，由此得到目前继承并管理家族照片和物品的赫经士外孙约翰的联系方式。通过与约翰及其表姐妹们 200 余封邮件的往来，同济大学研究团队发掘出一段对于上海近代建筑史研究尚属空白的故事，也为两栋历史建筑的保护和更新奠定了坚实的史料基础。

据约翰介绍，赫经士的孙辈不但继承了很多中国式的家具和物品，更重要的是继承了近 4 万张珍贵的历史照片。约翰与他的表姐妹杰西卡（Jessica Schröder）、詹妮弗（Jennifer Whitman）等人热情慷慨地通过邮件与研究团队分享了大量历史照片和史料故事，有力地支持了对空港六路 1 号花园住宅保护性修缮和史实鉴定的工作。可以确定：两栋房子同在 1923 年开工，1924 年竣工。赫经士一家居住在西楼，李德立夫妇居住在东楼。

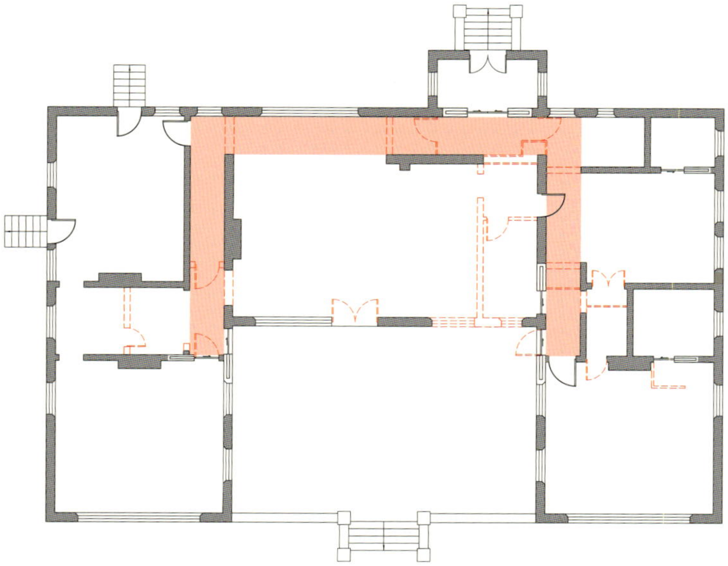

东楼分隔平面图及走廊原始格局复原（图片来源：华建集团历史建筑保护设计院 Arcplus Historical Building Preservation Design Institute）

由于老宅当年的设计图纸缺失，而经过数十年不同主体的不同功能性使用，要还原建筑的历史样貌极具挑战性，尤其是东楼。在此次修复前，东楼大厅为民航华东空管局的陈列室，被隔成两小一大三个房间，墙面全部用木隔断和石膏板覆盖起来，顶部也用石膏板覆盖。从屋顶上看有烟囱的东墙面上却找不到烟道，而是辟出了一扇门。大厅地坪已经被改造浇筑成水泥地面，而环绕大厅是两个壁橱和五小段不连续的走廊。

上：修复前，东楼烟道部分拆除（图片来源：华建集团历史建筑保护设计院 Arcplus Historical Building Preservation Design Institute）
左下：修复前，东楼走廊（图片来源：同上 ibid.）
右下：修复前，东楼东南大房间（图片来源：同上 ibid.）

设计团队多次踏勘现场，多方研究、分析，为最大限度恢复老宅的样貌积累第一手资料。最初让设计师困惑的是，走廊上黑红相间对角铺砌的小方地砖两侧均有浅黄色和黑色面砖的色带收边，但在壁橱位置不但没有了，反而延伸进了壁橱。拆掉壁橱后，他们发现在墙的夹缝和墙下都留有碎的花砖片；敲掉上层铺砌，欣喜地发现了下面的花砖。由此确定老宅的原始布局是，一条连续的“U”形环廊连接了北侧入口、中央大厅和两翼的房间；原住宅平面的中央大厅并不直接向院落开门，而是在环形走廊两端开设推拉门。

上 / 左下 / 右下：修复前，东楼一层走廊花砖（图片来源：华建集团历史建筑保护设计院 Arcplus Historical Building Preservation Design Institute）

东楼屋顶檐脊灰塑展示的水浒传三十六天罡人物（图片来源：华建集团历史建筑保护设计院 Arcplus Historical Building Preservation Design Institute）

东楼屋顶是老宅外观上最引人注目的部分。歇山式大屋顶的四角高高起翘，鸱吻、檐瓦、“寿”字花纹的滴水都是传统的中式风格，混搭着西式的六个砖砌烟囱和环绕的白铁皮檐沟。中间屋脊分段设如意云纹雕饰、瓦砌镂空装饰和宝瓶镂空装饰；正脊中央“福、禄、寿”三星雕饰与赫经士孙辈提供的历史照片有出入，因此推测应是 20 世纪 90 年代修复时补塑的构件。八条垂脊上各有一个灰泥雕像，每个约一米高。其中之一塑造的是一名骑在老虎背上挥拳的人物，尽管已经风化得很严重，很多细部都已灭失，但这样的搭配和姿态还是很容易让人联想到历史典故里的“武松打虎”。循着这条线索，设计团队结合人物造型推断八座灰塑应源于《水浒传》中“三十六天罡”，分别是：天伤星 / 行者武松、天暗星 / 青面兽杨志、天机星 / 智多星吴用、天英星 / 小李广花荣、天杀星 / 黑旋风李逵、天孤星 / 花和尚鲁智深、天雄星 / 豹子头林冲，其中第八座头顶圆髻、手握瓦罐的人物身份尚待进一步考证——让人费解的是，其形象更像一名端庄仕女而非绿林好汉，由于缺乏历史资料的佐证，也无法判定这是否是后期改塑的结果。

上：修复前，东楼屋顶檐脊的灰塑：鲁智深（图片来源：华建集团历史建筑保护设计院 Arcplus Historical Building Preservation Design Institute）

下：修复前，东楼屋顶檐脊的灰塑：林冲（图片来源：同上 ibid.）

上：修复后，东楼屋顶檐脊的灰塑：鲁智深（图片来源：华建集团历史建筑保护设计院 Arcplus Historical Building Preservation Design Institute）
下：修复后，东楼屋顶檐脊的灰塑：林冲（图片来源：同上 ibid.）

上：修复后，东楼屋顶檐脊的灰塑：杨志（图片来源：华建集团历史建筑保护设计院 Arcplus Historical Building Preservation Design Institute）
下：修复后，东楼屋顶檐脊的灰塑：武松（图片来源：同上 ibid.）

修复后，东楼屋顶檐脊的灰塑：李逵（图片来源：华建集团历史建筑保护设计院 Arcplus Historical Building Preservation Design Institute）

左：修复后，东楼屋顶檐脊的灰塑：吴用（图片来源：同上 ibid.）
右：修复后，东楼屋顶檐脊的灰塑：人物身份不详（图片来源：同上 ibid.）

修复前，东楼屋顶上的烟囱和武松打虎雕像（图片来源：华建集团历史建筑保护设计院 Arcplus Historical Building Preservation Design Institute）

上：修复中，东楼檐下卷棚和格子窗（图片来源：华建集团历史建筑保护设计院 Arcplus Historical Building Preservation Design Institute）
下：修复中，东楼餐厅室内护墙板、木格窗和木梁（图片来源：同上 ibid.）

左：修复前，东楼大厅拆除大厅隔墙和吊顶后看到的密肋木梁和中间的雕花大梁（图片来源：华建集团历史建筑保护设计院 Arcplus Historical Building Preservation Design Institute）
右上：修复前，被改装内墙包裹严重的东楼（图片来源：同上 ibid.）
右下：“一品当朝”雕花大梁（图片来源：同上 ibid.）

东楼室内风格与建筑外观大不相同，采用了简洁的英国乡村式古典装饰和西式住宅布局。主入口采用抱厦造型设置门斗，位于建筑的北立面中部偏东。中部为主厅，东侧布置带壁橱和卫生间的若干卧房，西侧则为厨房、备餐间和餐厅，由 U 形走道串联。在设计团队拆除主厅加建的吊顶，呈现出老宅原有的密肋木梁结构时，有了一个令人惊喜的发现：中间是一根整木的雕花大梁，除油漆有斑驳、脱落的现象外，雕饰保存完好，并呈现出“中西合璧”的奇特画面。从两侧西式的大尺度涡卷花饰慢慢过渡到梁正中的一幕故事场景：树荫下，荷花池边，在两个小童的簇拥下，两名身着长衫的长髯老者展开一幅横轴，另两名同样打扮的老者正定睛观望，横轴上书“一品当朝”[30] 字样。

---

30. “一品当朝”不仅是中国古代皇权时期最高的官衔，也是旧时民间房屋上梁时常用的吉利话，如“今日天晴来上梁，主东修的好华堂。华堂修在龙口上，大家齐心来上梁。上一步一品当朝，上二步双凤朝阳。上三步三元及第，上四步四季发财……上九步九子登科，十步上得全，荣华富贵万万年。”

上：工人清理雕花大梁（图片来源：华建集团历史建筑保护设计院 Arcplus Historical Building Preservation Design Institute）

下：雕花大梁重现真容（图片来源：同上 ibid.）

上：修复前，东楼房间隔断和留存的标语（图片来源：华建集团历史建筑保护设计院 Arcplus Historical Building Preservation Design Institute）

下：修复中的壁炉（图片来源：同上 ibid.）

上：修复前，东楼原走廊格局的改变导致木梁变形（图片来源：华建集团历史建筑保护设计院 Arcplus Historical Building Preservation Design Institute）
下：修复前的东楼走廊（图片来源：同上 ibid.）

西楼原隔断门洞后期被改为窗洞（图片来源：华建集团历史建筑保护设计院 Arcplus Historical Building Preservation Design Institute）

相较东楼，西楼的平面布局相对自由。主入口位于建筑的北立面偏西，次入口位于建筑的东北角。北侧结合出入口安排楼梯间及辅助功能空间，南侧设带卫生间的主要房间，东西两角面向大花园，设置室外休憩平台。室内装饰与东楼相近，四面倒角弧形天花和压花玻璃镶嵌木门较具特色。

在历年的使用中，西楼室内没有经历东楼那样的大改动，只是局部门洞被封堵，底层部分木窗被改为钢质长条高窗。虽然大部分门扇还是原物，也在原位，但由于底层地坪标高后期改动，设计团队经测量发现，不少门扇是经过裁切的，而且做法很随意：有的门上部被裁切，有的门下部被裁切。

左 / 右：2020 年 10 月，修复前的西楼墙面、高窗、木窗、砖拱和混凝土弧板（图片来源：华建集团历史建筑保护设计院 Arcplus Historical Building Preservation Design Institute）

设计团队秉持近现代建筑保护与更新原则，一方面通过修缮、加固使建筑恢复历史风貌，以便得以更长久地留存下去；另一方面满足当下功能需求，保存建筑纪念性价值的同时，发挥其使用价值，使之更好地融入当代生活。空港六路 1 号花园住宅作为“虹桥机场城市会客厅”，以其内部展陈向公众揭示老宅传奇历史故事的同时，也将以“虹桥源”历史文化中心的核心定位，展示虹桥地块以及虹桥机场的百年变迁。具体设计策略包括三个层面：

第一，彰显特征性的建筑风貌。对于老宅的清水砖墙、飞檐翘角、细部装饰、屋面灰塑等，在严谨考据和完善工艺的基础上进行修复，再现其应有的历史风貌。对于东楼后期以涂料粉刷出的仿清水红砖和青砖外立面，经过与历史照片比对后，恢复为粉墙黛瓦和清水砖墙相结合的立面形式。

第二，营造体现老宅独特历史价值的场景氛围。通过谨慎的现场勘察与甄别，比对历史影像资料，恢复近代上海英商家居的室内风格和场景氛围，突出百年老宅的人文价值。

第三，功能更新，空间活化。在复原和保护特征性建筑空间与细部的前提下，因地制宜地实现新的功能需求，合理布局，设置灵活而清晰的参观流线，活化建筑空间。提高建筑的舒适性和安全性，通过设备选型和合理路由等措施达到隐蔽设置设备的目的，满足当代的使用需求。

上：清理后的西楼木梁架与墙顶弧形转角（图片来源：华建集团历史建筑保护设计院 Arcplus Historical Building Preservation Design Institute）
下：清理后的西楼起居室密肋木梁和木斜撑（图片来源：同上 ibid.）

上：清理后的西楼坡屋顶木梁架（图片来源：华建集团历史建筑保护设计院 Arcplus Historical Building Preservation Design Institute）
下：修复中的西楼楼梯间（图片来源：同上 ibid.）

上 / 下：修复中的东楼屋面（图片来源：华建集团历史建筑保护设计院 Arcplus Historical Building Preservation Design Institute）

上：修复中的东楼老虎窗（图片来源：华建集团历史建筑保护设计院 Arcplus Historical Building Preservation Design Institute）
下：修复中的东楼屋面（图片来源：同上 ibid.）

修复中的东楼（图片来源：华建集团历史建筑保护设计院 Arcplus Historical Building Preservation Design Institute）

在实际项目运作过程中，主要的施工挑战来自东楼外墙面、屋面小青瓦和灰塑、室内的木饰面和门窗油漆等的修缮操作。修缮前，东楼外墙面为清水青砖墙外覆灰、红两色涂料，白色勾缝。最初，因为缺乏历史考证资料，设计团队一直为是否维持青砖着色的外墙面做法而举棋不定，通过同济大学研究团队深入的历史线索挖掘，在从赫经士孙辈那里得到珍贵的老宅历史照片的那一刻，一切释然——原外墙饰面是白色抹灰打底、清水青砖装饰。

通过查阅江南地区建筑营造技艺的相关文献，设计团队确定采用传统的麻刀灰粉刷[31]。为了突出装饰青砖的效果，施工过程中，在抹灰中适当加入水硬性石灰，减小了抹灰层厚度，同时增强了粉刷层的牢固度，延长了寿命。

31. 1∶3 白灰砂浆（酌加麻刀）抹面，厚约 16 毫米，一次成活。麻刀灰为纯天然材料，利用麻刀的拉结作用，可防止墙面开裂。

由于东楼大屋顶上饰有“寿”字纹样的瓦当与滴水损坏较多，修缮中对此专门开模、定制、替换。屋脊雕饰与灰塑风化、破损厉害，设计与施工团队从苏州请来经验丰富的匠师，以钢筋、铁丝、水泥砂浆打底，纸筋灰造型，以复原其生动的造型。在对照赫经士孙辈提供的建筑屋顶历史照片后，发现正脊中央原有早已不存的、极富装饰性的双龙戏珠灰塑。于是，设计与施工团队从绘制图形开始，再用钢筋编制骨架并固定位置，一步步从基础造型到精细塑型，最后修型、修色。现今，两条蛟龙蹲伏在正脊“福禄寿”灰塑之上，中立宝珠。浅色的祥云底座烘托出深色的蜿蜒蛟龙，龙头昂扬，为整饬一新的屋顶更添一份灵动。

为了匹配改造后的老宅作为“虹桥机场城市会客厅”的身份，经过慎重比选，东楼屋脊和灰塑的颜色没有恢复修缮前的艳丽效果，屋脊、砖雕与灰塑全部采用不同深浅的灰色调，与青瓦融合统一。檐下轩廊的木椽统一为与室内木梁、木护壁和木地板类似的栗壳色，与自然氧化后的紫铜天沟颜色浑然一体，既稳重，又突出了建筑出檐深远的效果。

修复后，东楼屋脊福禄寿和补塑的双龙戏珠灰塑（图片来源：榫卯建筑摄影 SFAP）

上：修复后，东楼屋脊（图片来源：榫卯建筑摄影 SFAP）
下：修复后，东楼檐瓦、滴水与檐沟（图片来源：同上 ibid.）

修复后，东楼屋顶烟囱（图片来源：榫卯建筑摄影 SFAP）

在室内装饰设计上，以替换包括木护壁、木门窗及门窗套、壁炉套、木地板等在内的饰面做法为重点内容。经过对老构件的脱漆出白，设计团队鉴定原材使用的是老洋松。这种木材木纹稀松且结疤多，在当时不属于高档室内装饰用材，多用于建筑结构构件。在修缮过程中，遵循“真实性”原则，对构件缺损、翘曲等必须修补的部位，尽量利用旧料，按原材质、原样式补齐。虽然木质不理想，设计团队依旧希望本次修缮不要完全覆盖木纹，能够体现木饰面的质感，所以建议采用“半浑水”的漆面处理。然而，由于无法彻底洗掉渗进木纹的旧油漆，新油漆加上去后整体颜色势必变得灰蒙。设计团队千方百计邀请到一名经验丰富的张姓女匠人，在经历四道工序，多次调漆试样后，终于找到了一个比较平衡的配比，做出了“半出白”效果——木纹隐隐显露在栗壳色漆下，在弥补原木材品质缺陷的同时呈现出最佳的材质效果。

左：木门脱漆和修复试样（图片来源：华建集团历史建筑保护设计院 Arcplus Historical Building Preservation Design Institute）
中：西楼木门脱漆后（图片来源：同上 ibid.）
右：按原样新做的木门（图片来源：同上 ibid.）

修复后的东楼中部房间（图片来源：榫卯建筑摄影 SFAP）

东楼大厅的“一品当朝”雕花大梁同样采用“半浑水”的漆面处理。大梁周围的密肋小木梁全部用白色石膏板覆盖，烘托这条双面雕花大梁成为视觉的焦点。

房间地面采用席纹铺贴的木地板，护壁、木梁与地板同为深色。壁炉保留原来蓝色、绿色、黑色的釉面砖。黑胡桃木家具搭配典雅的皮质座椅。家具设计采用与建筑中西合璧风格协调的近代海派风格造型，形式上兼收并蓄，融入西方古典和现代装饰艺术设计元素，线条流畅、大气，局部雕饰精致、细腻。

“虹桥源 1 号”鸟瞰，图片左侧可见原 101 专线延伸线的轨道蜿蜒而过（图片来源：上海机场（集团）有限公司 Shanghai Airport Authority）

“虹桥源 1 号”鸟瞰（图片来源：上海机场（集团）有限公司 Shanghai Airport Authority）

为强调这个区域是虹桥机场最早形成之处，而两栋老宅是该场地现存最早的建筑，修复一新的两栋老宅及其院落现被正式命名为“虹桥源 1 号”。作为设计团队展陈设计的配合方，华东建筑设计研究总院跨界中心以时间为线索在各功能房间中设置主题展览，呈现大时代背景下的老宅变迁及人物故事，唤起人们对虹桥地段和虹桥机场的百年历史记忆。

上：修复后，门屋及入口门楼（图片来源：榫卯建筑摄影 SFAP）
下：修复后，门楼雕花斜撑（图片来源：同上 ibid.）

上：修复后，主入口门楼（图片来源：榫卯建筑摄影 SFAP）

下：修复后，从南侧花园望主入口门楼即景（图片来源：同上 ibid.）

上：修复后，北侧庭院（图片来源：榫卯建筑摄影 SFAP）
下：修复后，从南侧花园望东、西楼即景（图片来源：同上 ibid.）

修复后，东楼南侧露台（图片来源：榫卯建筑摄影 SFAP）

东楼里主要展示新中国成立前的历史。从北入口进入后以逆时针流线依次从东部房间穿大厅到西部房间，分设“选址虹桥（1921 年）”“老宅故事（1924—1951 年）”“虹桥风貌（1921—1949 年）”“民国风云（1925—1949 年）”四个主题，利用赫经士孙辈提供的详实史料，全面呈现了老宅和宅主人的传奇故事，还原了老宅的变迁、虹桥路周边历史风貌的演变和上海城市发展的全过程。

建筑及其修缮过程是建筑历史不可或缺的生动环节。为此，展陈设计特辟东楼西北角原辅助用房作为单独展厅，制作东楼镜像艺术模型，以吊线悬挂的方式在空间中央进行展示，另以图片的方式展示墙体剖面细节。另外，在门屋东区特设历史建筑保护性修缮工法展示区，呈现老宅修复工程的全过程，包括本次修缮设计、施工的策略，材料、构造、工法等。

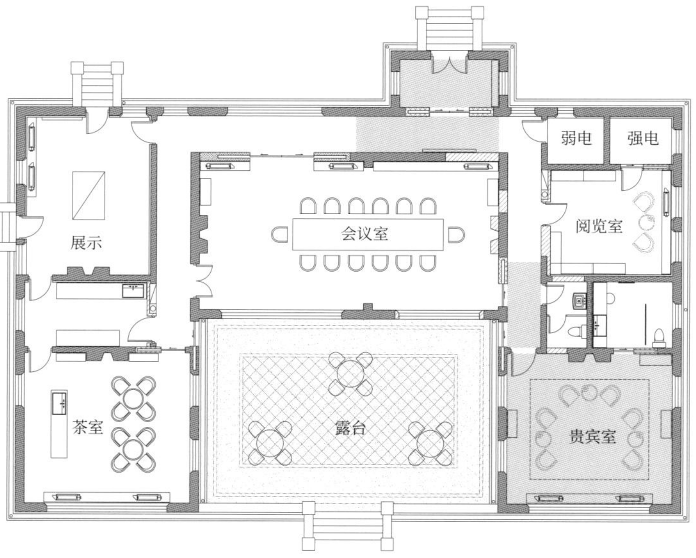

东楼保护性修缮一层平面图

（图片来源：华建集团历史建筑保护设计院 Arcplus Historical Building Preservation Design Institute）

左上　右上：修复后，东楼主入口（图片来源：榫印建筑摄影 SFAP）
下：修复后，东楼北向入口外观（图片来源：庄哲 ZHUANG Zhe）

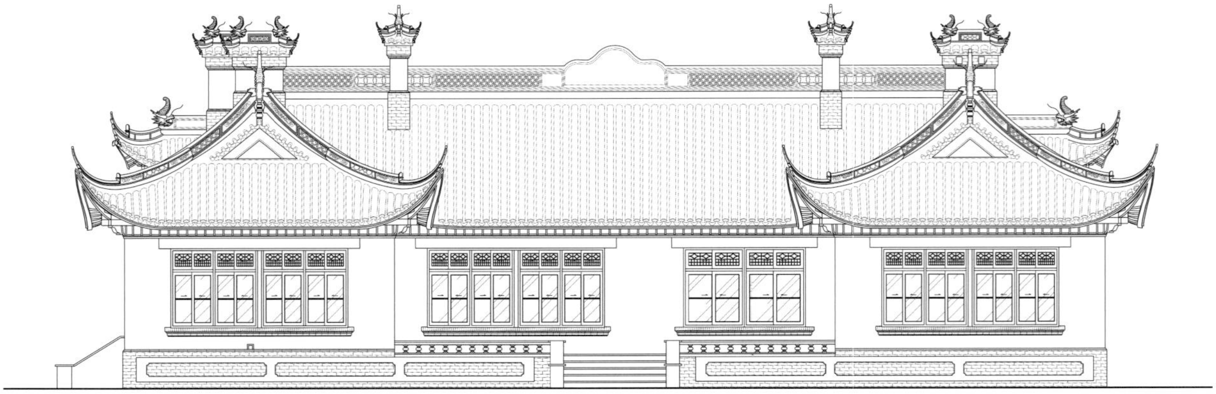

东楼南立面图

东楼西立面图

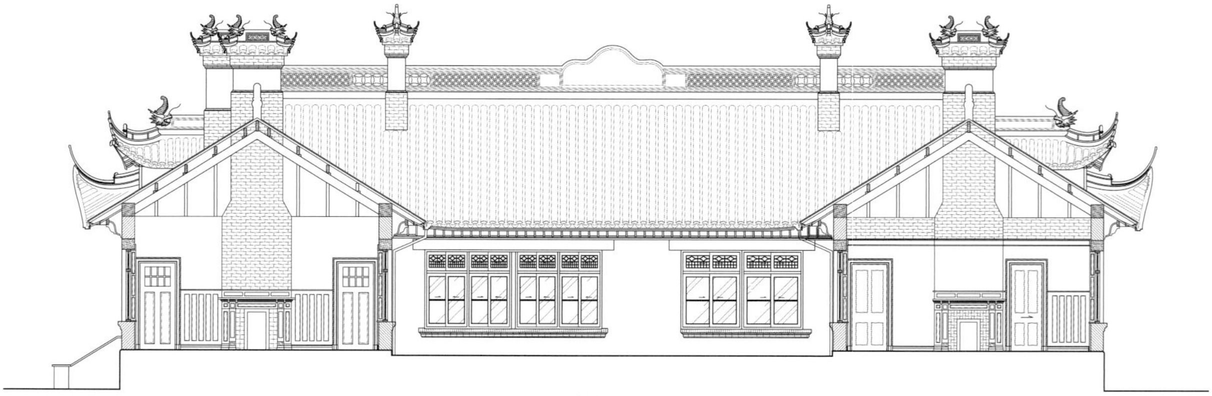

东楼剖面图

（图片来源：华建集团历史建筑保护设计院 Arcplus Historical Building Preservation Design Institute）

上：**修复后，东楼西立面**（图片来源：榫卯建筑摄影 SFAP）
下：**修复后，东楼屋面的飞檐翘角**（图片来源：同上 ibid.）

左：修复后，东楼壁炉（图片来源：榫卯建筑摄影 SFAP）
右：修复后，东楼东南角房间一角（图片来源：同上 ibid.）

上：**修复后，东楼东南角房间**（图片来源：榫卯建筑摄影 SFAP）
下：**修复后，东楼东北角房间**（图片来源：同上 ibid.）

修复后，东楼西南角房间的露明屋架（图片来源：榫卯建筑摄影 SFAP）

上：修复后，东楼西南角房间（图片来源：榫卯建筑摄影 SFAP）
下左：修复后，东楼走廊（图片来源：同上 ibid.）
下右：修复后，（上）东楼东南角房间一角，（下）东楼拼花地砖与拼花木地板（图片来源：同上 ibid.）

修复后，西楼南立面（图片来源：榫卯建筑摄影 SFAP）

修复后，西楼南向外观（图片来源：庄哲 ZHUANG Zhe）

上：修复中，西楼南立面（图片来源：华建集团历史建筑保护设计院 Arcplus Historical Building Preservation Design Institute）
中：修复中，西楼东南角（图片来源：同上 ibid.）
下：修复中，西楼西立面（图片来源：同上 ibid.）

上：**修复后，南侧花园与西楼夜景**（图片来源：榫卯建筑摄影 SFAP）
下：**修复后，院门视角的西楼**（图片来源：同上 ibid.）

修复后，西楼底层大厅展陈（图片来源：榫卯建筑摄影 SFAP）

西楼里主要展示从新中国成立后至今的虹桥机场的发展状况，分设“空港新生（1949—1988 年）”“蓬勃发展（1988—2000 年）”“世纪腾飞（2000 年至今）”三个主题，从一楼西北向入口进入后依次展开。部分空间中的内容采用现代科技和多媒体交互方式进行呈现，如电子翻书装置以及结合投影和声光效果的老式唱机等，既与历史空间契合，又别具特色。

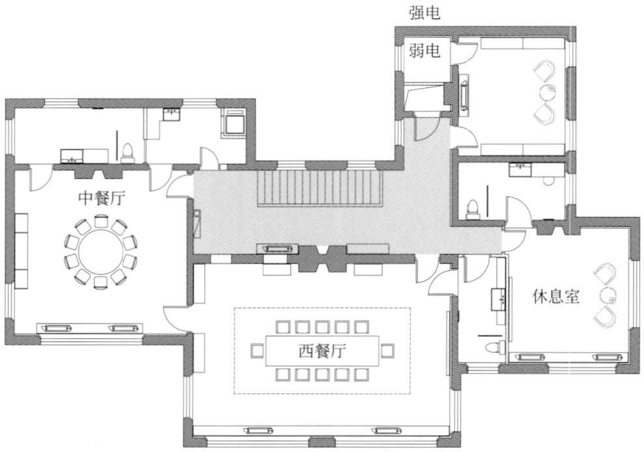

西楼二层平面图

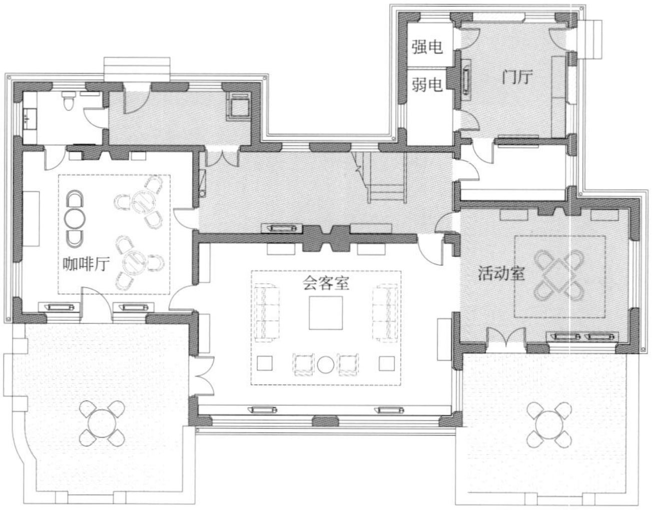

西楼一层平面图

（图片来源：华建集团历史建筑保护设计院 Arcplus Historical Building Preservation Design Institute）

西楼南立面图

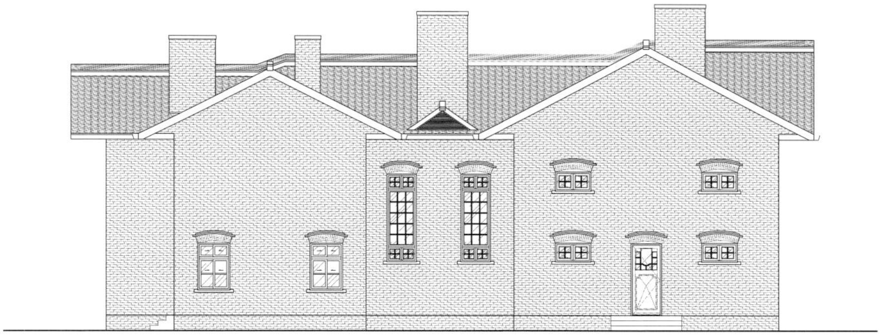

西楼北立面图

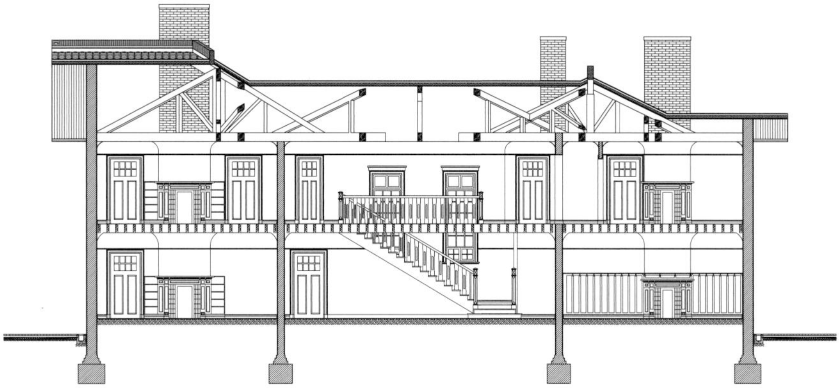

西楼剖面图

（图片来源：华建集团历史建筑保护设计院 Arcplus Historical Building Preservation Design Institute）

修复后，西楼二层中部房间（图片来源：榫卯建筑摄影 SFAP）

上：修复后，西楼二层西侧房间（图片来源：榫卯建筑摄影 SFAP）
下：修复后，西楼二层中部房间（图片来源：同上 ibid.）

上：修复后，西楼二层中部房间陈设一角（图片来源：榫卯建筑摄影 SFAP）
下：修复后，西楼底层楼梯间（图片来源：同上 ibid.）

上左：修复后，西楼二层楼梯间（图片来源：榫卯建筑摄影 SFAP）
上右：修复后，西楼西侧底层房间壁炉（图片来源：同上 ibid.）
下左：修复后，西楼底层卫生间（图片来源：同上 ibid.）
下右：修复后，西楼二层卫生间（图片来源：同上 ibid.）

虽然现有室外场地有限，但能够部分复原“虹桥源 1 号”最初的庭院意象是众心所向。为此，景观设计人员清理了院内与建筑风貌不协调的加建，结合参观流线，以“南院北场”的总体格局，将院落与建筑组织为一体。从北向主入口进入，两栋主楼背面的庭院保留了场地内最大的乔木雪松，并新增景观树木对景，增添空间层次，避免对南园景观的一览无遗。保留现状铺地石材，清洗后适度修复、重组，作为有着近百年历史的步道元素，形成了良好的场地记忆。南侧花园保留了原有的雪松、桂花，增植了枫林和四季花草。在东、西两楼之间新设置了一条蜿蜒的溪水和横跨其上的一座迷你石拱桥，两侧是暗红色的油漆木栏杆。这座景观小品不仅意在勾起“虹桥源 1 号”最初那座连接宅院的红桥的记忆，还与该宅院道路以北观演展示中心（由原虹桥机场大礼堂改造而成）前的垒石旱溪构成“依山傍水”“山水共融”之势，寓意几近百年的历史建筑将“顺风顺水”地延续其文化传奇。

修复后，东楼及其南面山水共融的花园和迷你虹桥（图片来源：榫卯建筑摄影 SFAP）

修复后，东楼东南角水景（图片来源：榫卯建筑摄影 SFAP）

图书在版编目（CIP）数据

虹桥源1号 : THE LIMIT / 华霞虹, 宿新宝, 罗超君著. -- 上海 : 同济大学出版社, 2022.6
ISBN 978-7-5765-0241-1

Ⅰ. ①虹… Ⅱ. ①华… ②宿… ③罗… Ⅲ. ①古建筑—介绍—上海 Ⅳ. ①K928.71

中国版本图书馆CIP数据核字(2022)第102060号

虹桥源 1 号：THE LIMIT

华霞虹　宿新宝　罗超君　著

策划编辑：吕炜 | **责任编辑：**武蔚 | **责任校对：**徐春莲 | **装帧设计：**完颖

出版发行：同济大学出版社 www.tongjipress.com.cn
（地址：上海市四平路 1239 号 邮编：200092 电话：021-65985622）
经　　销：全国各地新华书店、建筑书店、网络书店
印　　刷：上海雅昌艺术印刷有限公司
开　　本：889mm×1194mm　1/16
印　　张：11
字　　数：352 000
版　　次：2022 年 6 月第 1 版　2022 年 6 月第 1 次印刷
书　　号：ISBN 978-7-5765-0241-1
定　　价：128.00 元